导向深度学习的教学

朱连云 李 霞 杨彦星 ◎著

东北师范大学出版社

长 春

图书在版编目（CIP）数据

导向深度学习的教学 / 朱连云，李霞，杨彦星著
. — 长春：东北师范大学出版社，2020.12
ISBN 978-7-5681-7321-6

Ⅰ.①导… Ⅱ.①朱… ②李… ③杨… Ⅲ.①课堂教
学—教学研究 Ⅳ.①G424.21

中国版本图书馆CIP数据核字（2020）第258662号

□责任编辑：石　斌　　　　□封面设计：言之凿
□责任校对：刘彦妮　张小娅　□责任印制：许　冰

东北师范大学出版社出版发行

长春净月经济开发区金宝街 118 号（邮政编码：130117）
电话：0431-84568115
网址：http：//www.nenup.com
北京言之凿文化发展有限公司设计部制版
北京政采印刷服务有限公司印装
北京市中关村科技园区通州园金桥科技产业基地环科中路 17 号（邮编：101102）
2022年6月第1版　2022年6月第1次印刷
幅面尺寸：170mm×240mm　印张：11.25　字数：149千

定价：45.00元

谨以本书献给新课堂实验12周年，献给为新课堂实验做出贡献的所有教师、参与者及支持者。

随着我国课程教学改革的持续推进，我国基础教育质量取得了令国际同行惊叹的佳绩，中国学生四次参加OECD（经济合作与发展组织）的PISA（Programme for International Student Assessment，国际学生评估项目）测试学业成就表现足以明证。在看到骄人成绩的同时，我们也在反思自身的短板——学生高阶思维（批评、创造、合作）能力薄弱的问题。如何让中国的学生不在"花岗岩上盖茅房"？（张奠宙语），出路还得靠改革。

上海市青浦区自2007年起，积极回应这一问题，聚焦学生学习最重要的阵地——课堂，从调查入手，厘清问题；从情报和有效经验分析着眼，筛选出课堂变革的有效措施；把有效措施放到日常的教学生态中考查，通过小规模的实验获得"假设"；再把"假设"与教师的实践智慧和学生学习的期望相结合，进行循证实践，以此实现经验成果的辐射和推广。这一变革实践，我们冠以"新课堂实验"之名，如今已历时12年。本书是对这一变革实践的成果总结，以此献给12年风雨同舟的实验团队老师和全体参与者及支持者，也为关注同一主题的同行提供一些参考。

本书的叙述置身于青浦实验的改革脉络之中，以青浦实验三次大样本调查为背景，介绍"新课堂实验：导向深度学习的教学"的缘起、基石、探索与系统以及进一步努力的方向。本书共分8章。第一章是引言，根据青浦实验第二次大样本测试的结果——学生"探究水平弱势依旧"的现实，提出开展"导向深度学习的教学变革"。第二章、第三章，刻画了"导向深度学习的教学"的两块基石——实践与理论的基础。其中，第二章为"导向深度学习教学变革的实践基础"，着重介绍了国际、国内、本土深度学习有影响力的项目——美国的SDL项目、加拿大的LID项目、国内教育部课程教材发展中心的"为理解而教"项目、青浦实验前期的探索，在此基础上提出了"导向深度学习的教学"的主体思想；第三章为"导向深度学习教学变革的理论基础"，着重介绍了此项目的理论基础——布卢姆的目标分类理论、青浦实验的目标分类理论、建构主义理论、人本主义理论、系统论，以此确立项目研究的理论框架。第四章至第七章，是成果的主要部分，揭示了"导向深度学习的教学"的四个体系，即信念体系、备课体系、教学法体系、教研体系。其中，第四章描述了"导向深度学习教学"的教师应有的信念和具体操作的框架；第五章描述了"导向深度学习教学"的新的备课体系，从价值、方法和工具三结合的视角，具体提供了"一图二表三单一视频"的现实方法与技术；第六章是"导向深度学习教学"的新教学法体系，着重描述了"做学教合一""课堂学习和课外作业贯通"的"预学展示、助学评议、拓展迁移"的结构模型；第七章是"导向深度学习教学"的新教研系统——同课共构的循证实践，是实现学生深度学习的保证系统，突破了传统教研注重教师个体经验、缺乏科学实证、注重一般方法的交流，缺乏整体视野下的专业引领的教研困境，建构起了现代校本研修的实践模型；第八章是新的探索，基于青浦实验第三次大样本测试的结果，寻找到"导向深度学习教学"的延长点——长作业的设计与教学，初步介绍了实施的方法、设计与教学的概要。

本书力求以事实为依据，从调查到循证，凸显以真实的科研变革课堂教学的过程；力求理论与实践交互，凸显本土经验与现代教学的对接和融合；力求以解决问题为主线，融合核心素养的培育，建构起促进学生深度学习的教学本土理论。

本书由朱连云老师构思、策划与组织，由李霞和杨彦星老师负责资料的梳理，并最终成稿。成稿第五章部分"二次学习微视频"素材由周世杰老师提供，第八章部分"青浦实验第三次大样本的数据分析"素材由黄开宇老师提供，"长作业设计与教学"素材由李倪丹和陈旭宁老师提供。本书的完成离不开青浦实验顾泠沅、郑少鸣、郑润洲等一批领导和专家的倾力支持，在此一并表示感谢。

朱连云

目录

第一章
一项调查结果引发的教学变革

　　教学自产生起就处在不断的变革之中，这些变革或生发于教育理论的引领和指引，或受到教育政策的推动，或产生于学校生存、发展的诉求之下[①]，或由行政力量自上而下强制推动，或由学校、教师自下而上自发变革，尽管变革的动机各有差异，展开路径各有不同，但都致力于解决教育教学中的现实问题，探索新的发展方向和实践路径。上海市青浦区自2007年开始，由青浦实验研究所领衔的导向深度学习的教学变革走出了一条中间道路，即由理论研究者和教学实践者共同开展，旨在导向学生深度学习、提高现代课堂教学质量的教学变革。本章将介绍这一变革发生的缘由、变革试图达到的目标以及建立起的系统的教学变革框架体系。

---

① 张晓凤.我国基础教育课堂教学变革的审思与展望［J］.当代教育科学，2016（14）：33-36，55.

第一节　时隔十七年的大样本测量

　　20世纪70年代后期，上海市青浦县（今青浦区）的基础教育极度落后，经过"十年生聚"的努力，青浦的教学质量有了大幅度提高，全县初中毕业生数学升学考试平均成绩从1979年的32.5分提高到1986年的79.2分，合格率由16%提高到85%。随后青浦教改的成果在全市、全国传播和推广。进入20世纪90年代，受到布卢姆目标分类学说的影响，青浦的教研人员展开了第一次关于教学目标大样本测量的实证研究。

　　这一次能力测试历时两年，1989年主要编拟目标分类的量表与测试题，第二年对3200名八年级学生进行了正式测试，并对数据进行了分析。此次测量的量表主要依据布卢姆的分类体系（知识、领会、运用、分析、综合、评价）编制，并加入了威尔逊数学学科目标分类（计算、领会、运用、分析）中的"计算"，分为"知识、计算、领会、应用、分析、综合、评价"7个分测验。此次测量共50个测试项目、106个考查点。测量数据经过大样本因子分析技术处理发现，在记忆—理解两维框架下，综合与分析属于同一思维水平，运用和领会可以合并，知识和计算在强调课本内容的前提下，也可以合并为同一目标（见图1-1）。

理解

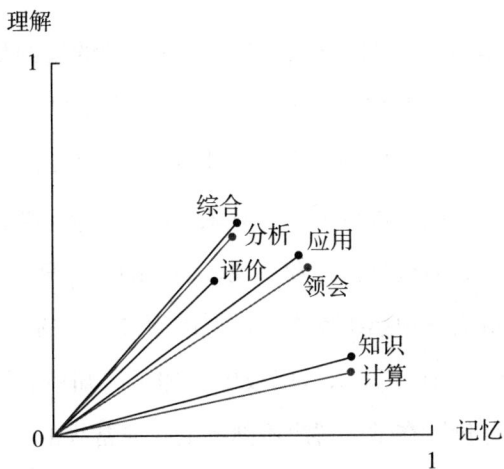

图1-1　7种测试变量在记忆—理解维度平面上的矢量表示

因此，这些教学目标可以分为记忆、说明性理解、探究性理解三个层级：第一层级是记忆层级，主要培养以记忆为主的基本能力；第二层级是说明性理解层级，培养以理解为主的基本能力，包括以理解和解决常规问题能力培养为目标的"领会""运用"；第三层级是探究性理解层级，培养批判和创新能力，包括以理解和解决非常规问题能力培养为目标的"分析""综合"。这种三水平的教学目标划分被《上海市中小学数学课程标准》和上海市数学教学新世纪《行动纲领》采纳。

在1990年进行了教学目标的大样本测量之后，2007年4月，以4349名八年级学生为对象进行的大样本测量再次启动。这次测量的目标有两个：一是比较同一地区在较长时间跨度内学生的学习能力目标达成结果；二是从学生数学学习的外显行为所表征的教学目标中分析其主要因素，从而确定教学目标的层次框架，进而探索一种评价学生数学思维能力的新方法。[1]

和上一次的大样本测量一样，量表与测试题的编制从2007年初就开始了。首先研究小组用1990年大样本测量的目标分类框架（布卢姆的6种水平加威尔逊数学学科目标分类中的"计算"，但测试题目依据当时最新的课程标准进行了修改）进行了一次测试，此次测试选取成绩中等偏上的62名学生进行测量，通过分析比较发现，学生的"计算"层级表现很好，"会计算"已经成为一项熟练操作，甚至成为自动化的工作，无法与布卢姆的"知识"合并；而"知识"层级中增加了"知概念"这一新成分；"分析、综合、评价"在学生解决不熟悉的、非常规的情境问题时，很难区分开，于是统一为"分析"；"领会""运用"则予以保留。[2]最终确定了测量的5类目标——计算、概念、领会、运用、分析。测试题考虑到青浦学校新旧教材都在使用，从两种教材的共有部分中选定，命题范围和1990年一致，覆盖代数和几何两个领域。这一次的测试在2007年4月13日实施，上午分两场进行"计算""概念""领会""运用"部分的测试，各30分钟，场间休息20分钟，下午则进行"分析"部分的测试。

测试数据同样使用了因素分析法来进行处理，结果发现，在记忆—理解两维框架内，在区分操作性记忆与概念性记忆之后，"计算"与"概念"之间拉开了差距；"领会"与"运用"属于同一思维层次，可合并；分析的实质是"探究性理解"，可以简称"探究"（见图1-2）。因此，教学目标呈现出大致等距的四层次框架（见图1-3）——操作、了解、领会、探究。在此基础上，将教学目标和认知水平结合起来解释，即"计算"和"概念"属于较低的认知水平，"领会"和"分析"属于较高的认知水平。

---

① 顾泠沅. 口述教改地区实验或研究纪事［M］. 上海：上海教育出版社，2014：23.

② 杨玉东，刘丹. 教学目标测量的依据和工具：青浦实验的新世纪行动之三［J］. 上海教育科研，2007（10）：43-46.

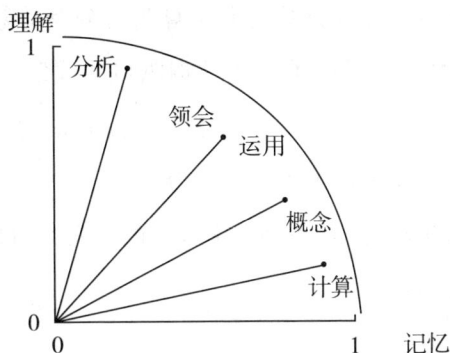

图1-2 5种测试变量在记忆—理解维度平面上的矢量表示

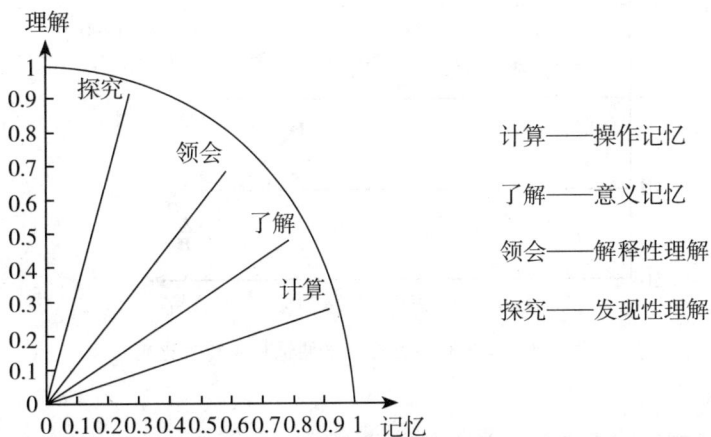

计算——操作记忆

了解——意义记忆

领会——解释性理解

探究——发现性理解

图1-3 教学目标四层次框架

　　研究发现，与17年前的同类研究相比，经历两轮课程改革，课堂教学实效得到了提高，尽管2007年的测试题目难度增加了，但多数测试成绩都有大幅提高（见表1-1），总平均得分率从原来的45.27%提升到58.83%。

表1-1 两次测试学生原始分比较

年份	被测学生数	计算	知识/概念	领会	运用	分析	综合	评价	总得分率（%）
1990	3200	67.19	63.96	47.11	41.33	23.84	44.28	29.17	45.27
2007	4349	84.07	75.28	54.82	51.00		28.96		58.83

按照四层次框架将部分分数合并折算为百分制分数并绘制成折线图（见图1-4）之后发现，得到了一条"喇叭口曲线"，说明和1990年相比，"操作"的提高幅度最大，"了解"的提高幅度较大，"领会"有所提高，而"探究"几乎原地不动。也就是说，17年来，"操作""了解""领会"部分的学习质量得到了大幅度的提升，但是学生探究和解决问题的能力弱势依旧。[①]

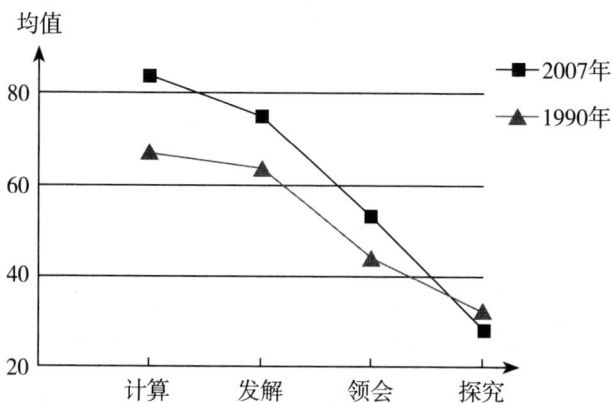

图1-4 数学教学目标水平测试17年前后比较

为了更加深入地了解其中的原因，2007年6—8月，青浦实验研究所组建项目组抽取中小学18节常态课进行学生目标水平分析，结论与大样本调查一致，发现现实的课堂仍是以"听讲式"教学为主——教师主要讲授、学生被动听记，课堂教学中教师普遍重视学生基础知识和技能的记忆性、说明性理解和掌握，忽视思维发展的探究性理解和批判性理解，导致学生学得被动、学得浅，深度学习没有发生，学生没有获得最大的发展机会。

在对学生认知能力扩展方面进行分析时发现，75%的课堂教学仍停留

[①] 上海市青浦实验研究所，上海市教科院教师发展研究中心.关于教学目标因素分析的数据报告——以上海市青浦区数学学科为例［J］.教育发展研究，2007（Z1）：78–83.

在"已知""能知"两个区，超过15%的课堂教学仍处在"迷思"区，而仅有不到10%的课堂学生的认知能力拓展达到了"潜能"区。通过对学生学习目标水平与相应认知扩展区的课堂进行对应分析比较，在其中画一条水平线可以发现，学生的学习水平与课堂教学水平高度契合，存在一条区分学习深浅与教学深浅的界线（见图1-5）。[1]

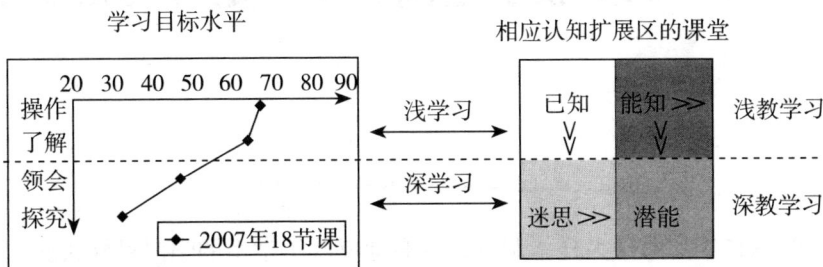

图1-5 18节课学生学习目标水平与相应认知扩展区的课堂的对应分析

不仅数学课如此，项目组对语文等其他学科常态课的抽查结果也大致相同。尽管教师也有让学生探究学习的意识，也有教学理念上的变化，但在任务和进度的驱动下，往往忽视对学生学习过程的体验、对学习内容的探究性和批判性理解与迁移能力的培养。课堂存在以下问题：学生缺乏独立学习和独立思考的时间与机会，学习的主动性不尽如人意。教师教学缺乏针对性，缺乏对学生情意和思维的激发，设计性不足，呈现出碎片化和随意化。

---

[1] 朱连云.导向深度学习的教学变革［J］.人民教育，2019（Z1）：62–65.

第二节　课堂教学之困：学习是否真正发生

时隔17年的两次大样本调查，客观地反映了学生的学习目标状况，同时映射出现有课堂教学中的问题，这为变革的发生提供了依据和方向。事实上，这些问题并不仅仅是青浦课堂表现出来的问题，也是我国当前课堂教学实践的真实样态。

通过仔细分析这些问题我们可以发现，尽管各种课程改革、教育改革不断推进，传播了先进的教育理念，改变了教师的一些教学观念和行为，但是课堂中学生的学习和之前相比并未发生很大的变化。更具体地说，学生在学习过程中的真实需要并未得到满足，真实投入缺失，真实成长并未实现①。

学生的真实需要未能得到关注和回应。现实的课堂中还广泛存在学生的主体需要被漠视、遗忘、误解的情况，主要体现为学生的学习需要、社会需要、心理需要尚不能得到满足。学习需要是人的基本需要之一，是促进学习真实发生的最直接的动力，更是学生进行主动学习和自我发展的

---

① 冯茹，马云鹏.基于真正学习的教学设计三维要素分析［J］.教育理论与实践，2019，39（10）：58-62.

内驱力。①当前机械的、接受式的教学使得学生的学习越来越脱离学生的需要，而呈现为被动的、被压抑和禁锢的状况。此外，学生还有着丰富多样的社会需要和心理需要，如自主、求助、建构、认识、获取、成就、探究等需要，而当前课堂教学中广泛采用的讲授教学法主要以学科知识体系的传授为逻辑起点，对学生需要的满足度低，让学生感受到被倾听、被关怀、被重视的体验少得可怜。只有学生的需要在一定程度上得到满足，课堂才能成为学生领略人生多种需要满足与精神体验的圣地，而非令人感到压抑和痛苦的伤心之地、尴尬之地和无奈之地。②

首先，学生的真实投入不足。在现有的课堂教学中，学生在行为、情感、认知等方面都常常出现投入不足或非投入的状况。更具体地说，学生的专注力和参与度不足，借助感官刺激的"表层参与"和仅关注经验获得的"浅层参与"较多，关注体验、认知深加工、感悟的"深度参与"严重不足。而且学生"边缘参与""非参与"现象非常普遍，甚至出现不愿意参与而产生抵触、疏离情绪的状况，教师成为"孤立的表演者与布道者"。③

其次，学生的主动性和积极性不足。很多学生的学习还停留在肤浅、被动的学习上，兴趣缺乏，其自主能力、探究精神、合作意识未能得到体现，浅表学习和虚假学习也具有普遍性。例如，一些学生并没有进入学习状态，而是采用伪装的方式来逃避学习，应付教师；一些学生的学习以机械记忆和反复操练为主，不会质疑，缺少思维的深度加工；一些学生的自主探究能力欠缺，在科学探究课堂教学中，尽管能够准确地回答出探究过

---

① 张秀花，黄红成.数学学习须要真实发生和直观展示［J］.教学与管理，2019（2）：33-34.

② 张立昌.教学方法的选择：从主体需要维度的"另类"思考与实践启示［J］.教育理论与实践，2006（1）：34-37.

③ 李泽林.普通高中育人方式改革的关键在课堂：兼论高中课堂的危机与变革［J］.当代教育与文化，2019，11（4）：57-62.

程的每一个步骤，但是在具体实验中，对照实验、控制变量的意识和能力缺乏[①]；更多学生想学、乐学、愿学的目标还没有实现。

再次，学生的真实成长并未发生。尽管学生可以量化的、易显示的知识技能可能得到了增长，但学生的精神成长和思维成长并未得到良好的发展。雅斯贝尔斯曾指出："教育首先是一个精神成长的过程，然后才成为科学获知过程的一部分。"[②]当前学生的学习仍旧以"接受式学习"为主，学生接受与掌握知识的能力得到了一定发展，但学生在学习过程中的情感体验、意志变化、对自我的认识并未得到很好的成长，学生的效能感并未得到有效的提升和增强。

最后，学生的思维并未获得很好的发展。杜威认为，好的教学必须能唤起学生的思维，如果没有思维，那就不可能产生任何有意义的经验。仅仅传授知识并不能促进思维的发生，尤其是只有引发学生思维展开的学习才是真正的学习。[③]当前有的课堂教学仅仅关注知识的传授，教给学生现有的结论或答案，进而忽略对学生知识探究能力的培养，忽略学生批判、质疑能力的发展，这样的教学不能激发学生的高阶思维，难以产生高品质的思维成果，难以促进高阶思维的发生。

上述这些困境既是当前学生学习过程中面临的共性问题，也是目前课堂教学面临的困境，要想走出这些困境，让学生真正地学习，课堂教学就要发生相应的变化，探索新的发展方向和实践路径，这说明切实有效的教学变革势在必行。

---

① 裴新宁，刘新阳.初中课堂科学探究中究竟发生了什么：基于多案例的实证考察［J］.华东师范大学学报（教育科学版），2018，36（4）：107–121，165–166.

② 雅斯贝尔斯.什么是教育［M］.邹进，译.北京：生活·读书·新知三联书店，1991.

③ 拾景玉.让学习在思维"链条"中真实发生［J］.上海教育科研，2018（6）：75–78.

第三节　教学变革：导向学生的深度学习

要让学生的课堂学习真正发生，获得最大限度的发展，如何变革我们的教学？如何重建我们的教学体系？这是青浦实验研究者一直孜孜以求、不断思索与研究的问题。从学生的学习方式转变出发，寻找到一种能使课堂充满生命欢乐和师生潜能都得到开发的有效的教学方式是青浦实验多年来探索和实验的主题。经过青浦实验大面积提升教学质量的行动之后，青浦课堂教学实效得到提高，但是课堂教学对学生高阶思维的培养依然薄弱，依然有待于进一步关注学生对学习过程的深度体验、对学习内容的探究和批判性理解、可迁移能力的培养。近年来，更加关注学生全面成长、立足学习深度的导向深度学习的教学变革成了青浦实验新的生长点。

这首先与当前时代语境下对深度学习的关注和思考是分不开的。深度学习成为教育研究中的热点问题，一个很重要的原因就是知识经济时代对人才规格、学习提出新要求。当前所处的时代是知识经济时代，一个以知识的创生为基础的高度信息化社会形态。①在这样的背景下，知识与信

---

① 康淑敏.基于学科素养培育的深度学习研究［J］.教育研究，2016，37（7）：111–118.

息成为核心的生产要素，当下知识和信息的更新速度不断加快，总量剧增，要获得、生产和创新知识和信息，进一步运用它们，这些都需要具有创新精神、实践能力、能够应对复杂情境的人。这就对人的发展和培育提出了更高的要求——要具备问题解决能力、高阶思维能力等关键能力。新的学习形式也成为新时代诉求——学习不仅是被动地接受知识，而且是对知识和信息进行深度加工与建构。2016年采用深度学习技术的智能机器人AlphaGo战胜世界围棋冠军李世石，这一事件促使学者们反思："既然人类能够教会机器深度学习，为什么在学校课堂中我们不能教会学生深度学习？"①之后2017年AlphaGo又击败了围棋界最年轻的"五冠王"——柯洁，这些都进一步显示了深度学习的潜力。大量研究证实，深度学习在挖掘学习者学习状况、获取学习者真实需求、诊断学习者薄弱学习环节等方面具有不可替代的重要作用。②这些诉求促进了深度学习的开展。

立足我国国情，"培养什么样的人，怎样培养人"始终是我国教育改革的核心问题之一。核心素养的提出是对"培养什么样的人"这一课题的探索，对人的发展内涵进行了定义，是21世纪人才培养的基本要求，顺应了国际社会人才培养的基本趋势。世界各国先后构建了核心素养的框架，在这样的背景下，我国教育部在2014年3月印发的《教育部关于全面深化课程改革，落实立德树人根本任务的意见》中指出，要提出各学段学生发展核心素养体系，明确学生应具备的适应终身发展和社会发展需要的必备品格和关键能力，突出强调个人修养、社会关爱、家国情怀，更加注重自

① 祝智庭，彭红超.深度学习:智慧教育的核心支柱［J］.中国教育学刊，2017（5）：36–45.

② 张海，崔宇路，余露瑶，等.人工智能视角下深度学习的研究热点与教育应用趋势——基于2006—2019年WOS数据库中20708篇文献的知识图谱分析［J］.现代教育技术，2020，30（1）：32–38.

主发展、合作参与、创新实践。《中国学生发展核心素养》于2016年9月正式发布，囊括文化基础、自主发展、社会参与三个方面，表现为人文底蕴、科学精神、学会学习、健康生活、责任担当、实践创新六大素养。但核心素养是对教学目标和结果的设定，需要将其具体化，核心素养的培育需要相应的教学过程。而"怎样培养人"的问题只能通过教学的变革来解决。以"全人"为导向的核心素养的培育前提就是要转变学习方式，即现在倡导的深度学习。①核心素养的培育策略和重要路径之一是深度学习。这不仅有助于学生在完整的情境中完成知识的习得，而且能够鼓励学生运用所学知识解决实际问题。②与此同时，连续4届中国学生参与PISA测试的成就与不足，也使我们对耕植深度学习坚定了信念。

首先，深度学习的实现和落地既不是凭空发生的，也不是对理念认同之后就可直接转化为有效的实践。深度学习的实现需要课堂教学的转向，需要导向深度学习的教学。更具体地说，深度学习的发生需要教师教学的引导，这是由教与学的一致性决定的。离开了"教"无所谓"学"，离开了"学"无所谓"教"，"教"与"学"是相互依存、相互统一的，因此要想实现深度学习，只谈"学"而不谈"教"是不现实的，深度学习并不能自然而然地发生，它需要促发条件，这一条件就是教师的引导。③学生的学习需要教师的"教"来引领方向，学生的学习本身就是在教师科学有序的组织、引导下开展的，脱离了教师指导和教育的"学"仅仅是"自学"。深度学习相较于"简单学习"，学习内容更为复杂，需要进行一定的分析与加工，需要在理解的基础上达到迁移与应用，更加强调批判

① 张华.论核心素养的内涵［J］.全球教育展望，2016，45（4）：10-24.

② 曹培杰.重新定义课堂：核心素养视角下的教学转型［J］.现代教育技术，2017，

　　27（7）：40-46.

③ 尤小平.学历案与深度学习［M］.上海：华东师范大学出版社，2017：6.

性思维和高阶思维的形成，因而仅仅依靠学生孤立的自学难以达到。学生真正意义上的深度学习需要建立在教师深度教导、引导的基础上，是在教师的引导下积极作用于"教"的"学"，是有着明确的发展指向性的"学"。①而脱离了教师的指导和教学，深度学习的落地就会成为一句空话。

其次，深度学习的成效需要由教师的教学来保证。美国著名心理学家布卢姆指出："许多学生在学习中未能取得优异成绩，主要问题不是学生智慧欠缺，而是没有适当的教学条件和合理的帮助。"在学生的深度学习中，教师的教学能够为学生的学习提供适当的条件和帮助。从古至今的经验证明，如果忽视或放弃教的引导作用，就谈不上学的成效。②深度学习也是如此。学生作为正在发展中的尚未成熟的个体，如果仅仅依靠自己的力量来进行学习，即使不偏离方向，学习的效率和成效也是很低的，更不用说深度学习的实现和成效如何保证。学生在有效的生命时间、学习时间内，要想获得更好的学习效果，必须由教师的教学来进行指导。教师能够促进学生学习，让学生更想学、更会学，让学生学得更多、更好、更有意义。但这并不意味着只要有了教师的教学，深度学习就能实现，成效就可以得到保证。这与教师教学的内容、教学过程中采取的各种策略等有关系。如果教师的教学内容是琐碎的、碎片化的，学生获得的一般也是零散的、浅层的知识，深度学习也不易发生。这也就意味着教师的教学意识与能力水平，决定着学生能否发生深度学习。③要从根本上提高学生学习的深度，必须要转变教师的教学。

---

① 王小英.对教学活动中"教"与"学"关系的审思［J］.东北师大学报（哲学社会科学版），2012（5）：218-221.

② 崔允漷.课堂教学变革的"家"在那里［N］.中国教师报，2016-06-01（7）.

③ 郭华.深度学习及其意义［J］.课程·教材·教法，2016，36（11）：25-32.

　　最后，深度学习的实施受制于教师教学。尽管深度学习已经受到大家的高度重视，但是学生的学习状况并不理想。这在一定程度上与教师的教学有关系，也可以说，学生学习中的问题多属于教的问题。2007年青浦进行的大样本测量也证实，现实的课堂教学依然以"听讲式"的教学为主，忽略了学生对学习过程的体验、对学习内容的探究性和批判性理解与迁移能力的培养，导致学生学得被动、学得浅，深度学习没有发生。[①]青浦实验研究者在具体的分析中更是发现，学生的学习水平与课堂教学水平是高度契合的，学生学习的深度与教师教学的深度的界限一致。

　　因此，青浦实验研究者着眼于面向核心素养发展的深度学习，一方面进行经验筛选，厘清导向深度学习的课堂教学关键；另一方面进行文献研究，汲取中外教学思想精华，并在此基础上以先进性、科学性和可操作性维度进行多场循证研究，厘清了导向深度学习教学的内涵和要素，廓清了导向深度学习教学的具体操作框架，生成了导向深度学习的课堂的基本样式，揭示了导向深度学习教学应遵循的四贯通原则，并开发了导向深度学习教学的技术工具——"一图二表三单一视频"，确立了导向深度学习教学的评价指标，建立了新课堂常态研修机制——"同课共构的循证实践"研修机制，并因此构建了一个涵盖信念体系和集备课、教学、评价于一体的操作体系以及教研与校本研修体系的完整的教学系统。

[①] 朱连云.导向深度学习的教学变革［J］.人民教育，2019（Z1）：62-65.

第二章

导向深度学习教学变革的
实践基础

教学变革总在发生，似乎不可能停息。①但每一次的教学变革绝不是凭空产生的，也绝不是偶然的，而是建立在以往变革的基础上，它既是继承中的变革，也是在有意义的借鉴中发生并逐渐发展的变革。②正是这种植根于坚实的实践基础上的变革，才能更好地超越、创新和发展，焕发出更强的生命力。导向深度学习的教学变革是在总结和吸取当前国内外有关深度学习的成功实践经验以及青浦区自身变革的实践经验的基础上提出的，既是面向世界汲取现有变革精华的产物，也是立足自身已有变革实践的产物，特别是新课堂实验是导向深度学习教学变革的直接基础。本章将对这些变革实践的背景、做法等进行详细的阐释和分析，以期展示导向深度学习教学变革的实践背景。

---

① 刘庆昌. 广义教学论 [M]. 太原：山西教育出版社, 2011：227.

② 杨启亮. 课程与教学变革中的继承与借鉴 [J]. 教育研究与实验，2007（6）：25-28.

第一节 改革借鉴：国内外促进深度学习的实践项目

自20世纪70年代瑞典学者马顿（Marton）和萨乔（Saljo）展开的阅读实验提出学习层次的概念以来，柯林斯（Collis）、比格斯（Biggs）等众多学者从不同角度发展了深度学习的相关理论。进入21世纪，加拿大的辛顿（Hinton）教授课题组在Science上发表了一篇关于深度学习的文章，掀启了21世纪深度学习在学术界的浪潮。随后，一大批优秀的教育界学者投入深度学习的研究。我国学者黎加厚于2005年首次在国内提出深度学习的概念，开启了我国教育界对深度学习研究的大门，大规模的实践研究也正逐步展开。

现阶段，国内外已经就深度学习进行了丰富多样的实践，其中影响力较大的有美国研究院组织实施的SDL（Study of Deeper Learning：Opportunities and Outcomes）项目、加拿大西盟菲莎大学（Simon Fraser University）艾根（Kieran Egan）教授领衔的"深度学习LID（Learning In Depth）"项目、教育部课程教材发展中心组织的"深度学习"教学改进项目、华中师范大学郭元祥教授带领团队开展的"深度教学"课堂教学改革实验。这些变革实践和实验为导向深度学习的教学变革提供了有益的思路，起到了重要的启发作用和借鉴作用。

一、美国的SDL项目和加拿大的LID项目

SDL项目是由美国威廉和弗洛拉·休利特基金会（William & Flora Hewlett Foundation，WFHF）发起、美国研究协会（American Institutes for Research，AIR）策划并实施的一个深度学习研究项目。这个项目在现有的深度学习项目中，无论是在理论发展还是在实践创新方面，都具有里程碑式的意义。

SDL项目源于美国教育界为提高教育质量、促进教育公平展开的"深度学习"运动。"不让一个孩子掉队"政策的失败引起了美国学术界对学生在学校、毕业后的生活及工作中成功需要什么的讨论[①]。PISA测试中美国学生的成绩一直处于中等偏下状态，这也促使美国教育界反思美国教育停滞不前的原因。在这样的背景下，美国教育界意识到除了政策关注的知识的深度及运用知识的能力之外，还需更多的知识与技能的深度学习，需要让学生有机会参与到深度学习中。于是，WFHF于2010年宣布发起深度学习研究，并在理论上对深度学习的概念、内涵、能力进行解读。WFHF通过广泛采访深度学习领域专家以及详细的文献综述，确立了"深度学习"六个维度的内容：学生核心学业内容知识的掌握、批判性思维与问题解决、有效沟通、协作能力、学会学习以及学术心志。在分析美国国家研究理事会（National Research Counci l，NRC）深度学习的认知、人际、自我三个领域研究后，AIR确立了关于深度学习整合性的能力框架（见表2-1）。

[①] https://www. air. org/sites/default/files/downloads/report/Report The Shape of Deeper Learning_9-23-14v2.pdf.

表2-1 深度学习的能力框架

认知领域	核心学业内容知识的掌握
	批判性思维与问题解决
人际领域	协作能力
	有效沟通
个人领域	学会学习
	学术心志

实践方面，WFHF建立了深度学习共同体，并发起成立了深度学习联盟（DLN）[①]，截至2012年，DLN发展到覆盖41个州、500余所学校，包括亚洲社会、新技术联盟、教育愿景学校、公立学校新愿景等联盟。尽管这些联盟的重点目标、核心原则和策略不尽相同，但都以共同的"深度学习"作为目标，具体包括掌握核心知识、批判性思维和复杂问题解决、合作学习、有效交流、学会学习、形成积极的学习心智。[②]2014年，在WFHF的资助下，AIR选取DLN中的19所学校和11所非DLN中的学校，以准实验研究法进行了三年的研究。作为一个概念验证性研究，SDL项目以"参与深度学习活动的机会更多的学生更有可能发展深度学习能力"为理论假说[③]，并依据该假说去验证，成熟至少得当运用促进深度学习的学习方法的学生是否会比没有使用过那些学习方法的学生获得了更好的学习机会及学习成就。

因此，SDL项目聚焦于寻找实验学校促进学生深度学习的策略与途

[①] 一些学者将其译为深度学习网络，参见高东辉、于洪波的《美国"深度学习"研究40年：回顾与镜鉴》和卜彩丽等人发表的《深度学习的概念、策略、效果及其启示——美国深度学习项目（SDL）的解读与分析》等文。

[②] 杨玉琴，倪娟.美国"深度学习联盟"：指向21世纪技能的学校变革［J］.当代教育科学，2016（24）：37-41.

[③] 王金妹.美国"深度学习"项目（SDL）的研究进展及启示［D］.济宁：曲阜师范大学，2018.

径，并分析学习结果。研究发现，实验学校均采用聚焦于深度学习的课堂教学策略以及支持这些教学策略顺利实施的学校制度和文化。更具体地说，就课堂教学策略而言，在认知领域，为了促进学生更好地掌握核心学科知识和培养批判性思维，实验学校采用基于问题的学习、校外实习、差异化教学及个性化教学等策略；在人际领域，为了培养学生的人际交往能力，实验学校采用定期指导、小组协作学习、实习、长期评估等策略；在个人领域，为强调学术心智和学会学习能力的培养，实验学校采用了学习小组、学生参与决策、个性化教学等策略。而在学校制度和文化方面，实验学校大都开设咨询课，创建个性化和支持性的学校环境；灵活安排课程，表现在课时上更加灵活，上课场地也可根据教学活动的需要进行调整；创建支持性的学校文化（见图2-1）。最终研究结果显示，SDL项目实验学校学生在考试成绩、人际能力和自我能力、高中毕业率、大学入学情况等方面都明显好于非实验学校学生。①

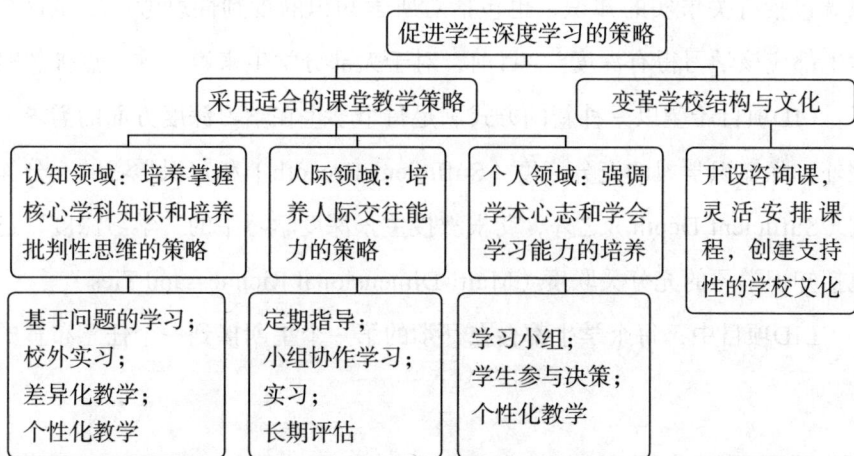

图2-1　SDL项目中实验学校的深度学习策略

---

① 舒兰兰，裴新宁.为深度学习而教——基于美国研究学会"深度学习"研究项目的分析［J］.江苏教育研究，2016（16）：3-7.

加拿大的LID项目是由加拿大西盟菲莎大学的艾根教授带领学校的富有想象力教育研究中心（Imaginative Education Research Group）开发的一项简单而易行的创新计划，旨在确保所有学生在学年中都能成为某些事情的专家。该计划于2008年在加拿大首次实施，目前已将扩展到美国、澳大利亚、日本、英国等世界十几个国家，有数千名学生参与。[①]

艾根教授从20世纪80年代开始研究想象力及其在教育中的应用问题，并逐渐形成"富有想象力的教育"理论，并设计了一系列基于认知工具的教育模式和方法。LID项目是艾根教授在此基础上的新探索，这一项目以文化的重新归纳理论为基础，主张知识的积累必然会带来认知能力的出色发展，因此以"只有我们了解一样事物的时候，想象力才能得到激发；而不断地加深对知识的学习、对想象力的吸引和激发同样重要"[②]为研究的理论主线。在艾根教授来看，尽管自柏拉图以来，大多数教育理论家都认为受教育的人满足两个标准：一是获得关于世界的广泛的知识，这些知识既包括有关事实的知识，也包括对所学知识的批判性思考；二是每个学生都应该学习得有深度[③]。目前，对于大部分学生来说，这一点被忽略了。LID项目希望以一种新的方式满足每个学生在学习深度方面的需求。此外，除知识学习的充分广度（Sufficient Breadth）和知识学习的充分深度（Sufficient Depth）之外，艾根教授主张深度学习中的"学习深度"还包括知识学习的充分关联度（Multi-Dimensional Richnessand Ties）。

LID项目中，每个学生都会在开学的第一个星期接到一个任意布置的

---

① Egan K, Madej. Learning in Depth: Students as Experts [J]. Education Canada , 2009, 49（2）: 18–23.

② http://ierg.ca/LID/wp–content/uploads/2014/07/Guide–Chinese–深度学习项目简介.pdf。

③ Egan K. "Learning in Depth" in teaching education [J]. Teaching Education, 2015 (3): 288–293.

主题，如苹果、猫、书等。布置题目的典礼一般会邀请父母、照顾者、兄弟姐妹参加。在典礼上，每个学生都会收到装有主题名称、图片的档案夹。除了基本的课程之外，在接下来的小学、初中以及高中整个学校生涯中都围绕这个主题学习、研究，并在这个主题上建立个人档案。这些主题往往经过适当的丰富性审查，以保证其可以被进行多年的研究。这个项目中的学生每周至少要花一小时定期地与他们的指导老师会面，指导老师将为学生提供指导、建议和帮助。更重要的一点是，这是完全自愿的，没有评分、没有截止日期、没有生产压力，对主题的研究方向也完全取决于学生自己。作为支持和鼓励，学生会收到一枚刻有该主题的奖章和一本帮助他们组织思维的"入门笔记本"。

　　LID项目吸引了学生的参与，学生对该项目的热情很高，其中包括那些对学习有抵触情绪甚至被认为是"有风险"的学生，因为这个项目给了学生一些他们可以用自己的方式去追求的东西。LID项目结果显示，一年后，每个学生都会比老师更关心他们的主题。[①]这个项目除了能引起学生的学习兴趣以外，还能激发学生的想象力。对于教师来说，看到学生对这一项目的热情，教师的态度从怀疑变成了肯定，他们逐渐被这一项目的想法所吸引，并鼓励学生积极响应，主动为学生提供支持性和促进性工作。

二、"深度学习"教学改进项目

　　"深度学习"教学改进项目是教育部课程教材发展中心组织专家团队，在借鉴哈佛大学"为理解而教"等国外先进课程理念的基础上，针对我国课程教学改革的需要启动的项目，于2013年启动，2014年9月正式展开。首批实验在10个实验区和北京市海淀区25所学校的初中语文、数学、

---

① Egan K. "Learning in Depth" in teaching education [J]. Teaching Education, 2015 (3): 288-293.

英语、物理、化学、生物6个学科中展开。截至2018年，已在15个实验区的90多所学校开展实验，积累了数百个教学实践案例。该项目是一个理论与实践相结合、团队攻关与个人努力相结合的行动研究[①]，旨在通过改进教育教学，指导学生进行深度学习。

首先，这一项目的提出是为了回应基础教育课程改革的需要。新课程改革取得了改革成效，但同时也出现了异化现象。其中，教学领域中教师的问题和困惑最多，为了回应基础教育课程改革深化的需要，切实促进学生深度学习和持久发展，开展了此项目。其次，基于核心素养的教学改革要求教师从发展学生的学科核心素养的课程目标出发，站在学生的角度定位教学目标、内容、过程、评价等，也需要新的教学理念，深度学习契合课程理念，立足推动以学生学习为中心、以学生核心素养为目标的改革。此外，深度学习能够落实立德树人，实现价值追求。另外，当前信息时代对人才素养的需求和以往有很大不同，需要深度学习变革来进行人才的培养。

该项目研究组由高校专家、教研员、校长和骨干教师共同组成，提出了基本的理论框架，并构建了实践模型。在理论方面，对深度学习的性质做出了界定和判断，对深度学习的目的和任务做出了判断，并明晰了深度学习的五大特征。项目研究组认为，所谓深度学习，就是指在教师的引领下，学生围绕着具有挑战性的学习主题，全身心积极参与、体验成功、获得发展的有意义的学习过程。在这个过程中，学生掌握学科的核心知识，理解学习的过程，掌握学科的本质及思想方法，形成积极的内在学习动机、高级的社会性情感、积极的态度、正确的价值观，成为既具有独立性、批判性、创造性又有合作精神且基础扎实的优秀的学习者，成为

[①] 胡久华，罗滨，陈颖.指向"深度学习"的化学教学实践改进［J］.课程·教材·教法，2017，37（3）：90–96.

未来社会历史实践的主人。[①]深度学习具有联想与结构、活动与体验、本质与变式、迁移与运用、价值与评价五个方面的特征。项目研究组在对深度学习的理论框架进行研究的基础上，提出了深度学习的实践模型（见图2-2），即要进行教学单元设计和实践探索，包括四个环节：选择单元学习主题、确定单元学习目标、设计单元学习活动和开展持续性评价。其中，单元学习主题，要从"知识单元"到"学习单元"，用大概念的方式组织"学习单元"；单元学习目标要从学生的成长、发展来确定和表述，要体现学科育人价值，彰显学科核心素养及其水平进阶；单元学习活动要把握规划性、整体性、实践性、多样性、综合性、开放性、逻辑性以及群体性；持续性评价要预先制订详细的评价方案，从而了解学生的情况，调控过程，改进服务。[②]这几个过程是不断循环往复的。

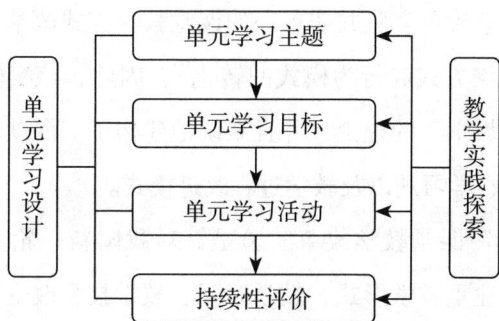

图2-2　深度学习的实践模型

此外，实现为了深度学习，项目研究组主张教师要抓住两个前提和四个关键策略。两个前提是指教师要深刻理解学科育人价值，深刻理解并尊

[①] 刘月霞，郭华.深度学习：走向核心素养（理论普及读本）［M］.北京：教育科学出版社，2018：32.

[②] 郭华.深度学习与课堂教学改进［J］.基础教育课程，2019（Z1）：10-15.

重学生。抓住四个关键策略是指选择情境素材的链接策略、学习过程中思维的外显策略、学习过程的深度互动策略、团队教学研究的改进策略。为了保障深度学习的实现，区域和学校都要做出努力，区域方面要创新区域教研机制，建立种子团队，形成区域实践策略；学校方面要系统思考教学改进与教师专业发展相结合、先行学科与良好生态相结合、基于课程建设的校本研修。

三、"深度教学"课堂教学改革实验

国内另一个影响力较大的项目是华中师范大学郭元祥教授带领团队开展的"深度教学"课堂教学改革实验。"深度教学"课堂教学改革实验开始于2007年。截至2017年，已有湖北、江苏、广东、湖南等地近30多所中小学加入了实验学校联盟，共同开展"深度教学"的课堂教学改革研究。这一全国性的教学改革实验并非单一的课堂教学方式改革，而是从理念到实践的一整套思维方式和行为模式的转化[①]，因此，该实验不仅在国内首度提出了"深度教学"的理论，并且系统地建构了"深度教学"的理念与价值观、知识观、学习观以及教学过程改进模式。

"深度教学"课堂教学改革实验是针对我国新一轮基础教育课程改革中出现的过于注重教学形式、教学时间、教学技术改变等种种局限提出的。实验团队认为尽管中小学课堂教学改革研究很活跃，但本质上是技术主义取向的，仅仅停留于师生教学程序翻转和师生教学实践粗暴分配的层次上，存在表面、表层、表演的局限，课堂缺乏力量。课堂教学要回归教育的本质诉求，关注学生的核心素养和关键能力，必须从学生观、知识观、教学观、质量观等方面转变，必须提升课堂教学的发展性，进行深度

[①] 华中师范大学基础教育课程研究中心信阳师范学院."深度教学"课堂教学改革实验简介［J］.教育发展研究，2016，36（6）：2，85-86.

教学。更具体地说，实验团队提出深度教学不是指无限增加知识难度和知识量，不是对知识的表层学习、表面学习和表演学习，不是对知识的简单占有和机械训练，而是基于知识的内在结构，通过对知识的完整处理，引导学生从符号学习走向学科思想和意义系统的理解和掌握，并导向学科素养的教学[①]。"深度教学"以追求教学的发展性为核心理念，体现为以学习的意义感、自我感、效能感为内在标准。[②]

另外，实验团队从知识的性质、内在结构、成立条件、依存方式等角度建构了体系成熟的"深度教学"知识观，主张树立教育学立场的知识观，关注知识的内在结构和多维价值[③]。从学习的边界、学习的境界、学习的层次三个角度重新构建了"深度教学"发展性学习观——学习的根本意义在于促进个体的精神发育，学习的境界在于理解、表达与意义，学习的层次包括从科学认知、技术体验、社会参与、文化觉醒到生命体悟五个层次，[④]并提出"深度教学"开展的核心策略是过程策略，具体包括理解性学习策略、问题导向学习策略、回应性学习策略，在实践中可以采取一些具体灵活的教学行为策略，包括增强课堂画面感、单元整体教学、"日小结、周反思、月报告"等。

除了关注变革中小学的课堂教学，将课堂作为"深度教学"的第一阵地外，"深度教学"课堂改革实验团队还关注学校层面的课程制度建设、

① 郭元祥.课堂教学改革的基础与方向——兼论深度教学［J］.教育研究与实验，2015（6）：1–6.

② 郭元祥，黄瑞."深度教学"如何真实发生［J］.今日教育，2017（6）：14–17.

③ 李新，杨莹莹.深度教学十年研究的进展与反思——全国深度教学实验联盟第三届年会综述［J］.教育研究与实验，2017（6）：95–96.

④ 郭元祥.论学习观的变革：学习的边界、境界与层次［J］.教育研究与实验，2018（1）：1–11.

校长的课程领导以及教师课程意识的培养，综合运用专题培训、跨区校教研、课题引领、研讨会等形式，引领实验学校在理论和实践方面进行研究和探索，参与实验的学校不仅提高了课堂教学效率，而且提升了教师教育素养。

第二节　经验提供：青浦实验的相关研究

变革要想在实践中真实地发生作用和影响，必须要借助于本区域已有的变革经验。我们不能将变革的"现在"和"过去"划分开，正如涂尔干所描述的那样："无论何地，现在正是过去的传人，现在源自过去，并且构成了过去的延续。在任何新的历史处境与此前的历史处境之间，并没有什么固定的鸿沟，相反倒有着熟悉而密切的关联，因为从某种特定的意义上来讲，前者正是后者的传人。"①教学变革也是如此，在进行导向深度学习的教学变革之前，青浦已经进行了一定的探索和实践，这些改革和研究取得了较好的实效，既为导向深度学习教学变革的开展提供了丰富的经验，也作为内源性动力在不断推动青浦教学变革向前发展。

一、青浦数学教学改革实验——有效教学方法

1977年，为了迎接即将恢复的全国高等学校招生考试，时任青浦县（今青浦区）教师进修学校数学教研员的顾泠沅对青浦县全县4373名中学

---

① ［法］涂尔干.教育思想的演进［M］.李康，译.北京：商务印书馆，2016：29-30.

毕业班学生进行了一次数学测验。试题浅显，内容仅限于当时中学数学一至五册的教材，但测验结果却令人震惊：全县平均成绩11.1分，及格率2.8%，零分比率高达23.5%。为了改变这一局面，同年，顾泠沅和一批教师成立了青浦数学教改实验小组，制订了包含教学调查、经验筛选、实验研究、推广应用四个阶段、十年的教学改革计划，青浦实验这一区域性教育改革揭开了序幕。

青浦实验是一场旨在探索让所有学生都能有效学习的教学措施，大面积提高教学质量的地方基础教育整体的、综合的改革实验[①]，它经历了以调查获取信息、以筛选形成假说、以实验验证规律、以传播推广经验的过程，取得了巨大的成功。首先，它形成了面向全体，让所有学生有效学习的教学实践策略体系，开始是四条有效的教学措施，即让学生在迫切要求下学习，组织好课堂教学的层次和结构，在讲授的同时辅以尝试活动，根据学习结果随时调整教学。其次，它发展为了四条有效教学的原理——情意原理、序进原理、活动原理、反馈原理，分别对应于认知过程中的动因、内容、方法、结果四个方面。再次，它创建了"尝试指导和效果回授"的教学模式。这种教学模式是指将教材组织成一定的尝试层次，通过教师指导让学生尝试学习；同时教师非常注意回授学习的结果，以强化学生所获得的知识和技能。在实验中这一方法具体包括："诱导——创设问题情境，启发诱导；尝试——探究知识的尝试；归纳——概括结论，纳入知识系统；变式——变式练习的尝试；回授——回授尝试效果，组织答疑和讲解；调节——阶段教学结果的回授调节"。这六个步骤并不是固定的，而是可以灵活全部运用或部分运用。其中，尝试学习是中心环节，包括探究（探究知识的尝试）和变式（变式练习的尝试）；诱导（创设问

[①] 朱连云.传承青浦实验发展青浦教育——纪念青浦实验30年（上篇）[J].上海教育，2008（19）：30-32.

题情境，启发诱导）为学生尝试创造条件，回授（回授尝试效果，组织答疑和讲解）和调节（阶段教学结果的回授调节）能提高尝试学习的效果。在推广过程中，这种教学模式又可调整为有层次的五个环节组成的教学结构：把问题作为教学的出发点；指导学生开展尝试活动；组织分水平的变式练习；连续地构造知识系统；根据教学目标及时反馈调节。[1]

最后，它开辟了一条独特而有效的教改实验之路。青浦实验是一项明显具有实践倾向的教育科学研究，在改革实践中形成了"扎根式"的科学研究方法，即对行动研究进行改造和发展，将调查、筛选、实验等方法融入整个改革实践过程，将科学发现机制和反馈评价机制同时纳入行动的过程；形成了推进课程教育改革的基本思路，即在活动式教学和接受式教学中寻找平衡点，构建"活动—发展"教学模式和由学科课程、活动课程、环境课程三者组成的"套筒式"课程框架；形成了整体提高区域教育质量的运行机制，即教学实践、专业支持、行政保障三位一体，建立事业共同体；教改研究与课堂改进并举，将研究成果及时转化为教学常规和管理常规，使实践经验及时提炼成理性认识；宏观、微观协调，整体提高区域教育质量。[2]

二、新手教师和优秀教师教学知能比较——课堂教学关键

2001年起，青浦实验在青浦实验研究所和上海市教科院教师发展中心的合作下，拉开了"青浦实验的新世纪行动"之幕。这一时期青浦教育的发展机遇与挑战并存，素质教育的推进和二期课改的实施，更加要求教师具有专业素养，对教师专业化的要求更加紧迫。但青浦实验在培养和促进

---

① 顾泠沅. 口述教改地区实验或研究纪事［M］. 上海：上海教育出版社，2014：17.

② 朱连云. 弘扬青浦实验文化，推进区域教育发展——青浦实验三十年的启示［J］. 上海教育科研，2008（9）：38-39.

教师成长方面周期略长，在处理教师成长问题与研究解决教改实际问题之间，结合度略显单薄。[①]因此，青浦新世纪行动小组开始关注教师的专业发展，关注教师的专业培养，研究并实践教学研修机制，于2002年启动了教师行动教育实验，并因此构建了"三关注两反思"的基本模式。

在教师参与教育实验的基础上，青浦实验研究所的研究者们对影响教师实践素养的相关因素进行了梳理。从教师知识的视角出发，确立了以提升教师学科教学知能（PCK）为核心的行动教育实践深化取向。[②]因此，从2005年开始，青浦实验研究所启动了促进教师学科教学知能（PCK）的调查，并组织课题组对新手教师和专家教师的学科教学知能（PCK）进行了实验比较研究。2007年5—9月，选取青浦区小学数学新手教师和专家教师进行比较个案研究[③]。研究发现，教师的PCK是决定教学有效性的核心知识，能够有效区分高效和低效教师，但这种PCK并不仅仅是舒尔曼提出的教师将自己掌握的学科知识转化为学生理解的形式的知识，而是将学科知识转化成学生有效获得的学科教学知能。这种转化首先是教师将学科知识根据课程理念、目标转化为教学任务，其次是将教学任务转化为学生所得。前者体现在教学设计中，后者体现在课堂教学中。

项目研究组还发现，专家教师和新手教师相比，在任务设计上更加清晰课堂教学的主干，在教学过程中更加关注探究性教学。具体来说，优秀教师的课，任务设计精准、教学逻辑主干清晰，总是围绕教学重点组织课堂进程，熟练地运用多种策略和方法突破教学难点，积极引导学生自主

---

① 顾泠沅，周超.教师专业化的实践与反思——顾泠沅教授专访［J］.苏州大学学报（教育科学版），2017，5（2）：86-93.

② 青浦实验：新世纪教师"行动教育"［J］.上海教育科研，2011（5）：34-36.

③ 朱连云.小学数学新手和专家教师PCK比较的个案研究——青浦实验的新世纪行动之四［J］.上海教育科研，2007（10）：47-50.

地、挑战地学习。而新手教师设计的教学任务则缺乏针对性和层次性，教学过程程式化。优秀教师的课，教学对象感强，关注学生通过自身努力和互助的学得，恰到好处（适时、适切、适性）地在学生学习的困难处、迷思处、顾及不到处，予以启发式、点拨式、讲解式和跟进式的练习。而新手教师上课，重点关注的是完成预设的教学任务。

在此基础上，课题组界定了教师学科教学知能（PCK）。教师的学科教学知能（PCK）包括教师对学科教学的认知、教师的知识转化能力、教师的教学情势智慧。其中，教师对学科教学的认知是指教师对学科核心知识和内容的理解与把握，对如何促进学生有效获得学科知识与学习方法的把握；教师的知识转化能力是指教师将具体学科内容有效地转化成教学任务，再将教学任务有效地转化成学生实际获得的能力；教师的教学情势智慧是指教师捕捉机会，适时促进学生学习能力和学习旨趣提升的一种智慧。这些学科教学知能源于教师长期的课堂教学实践，源于日积月累对自己教学实践的反思，源于对自身经验的总结和提炼，源于对同伴和他人经验的参悟，源于主体自觉的学习。[1]而研究者、学科专家、一线教师基于课例的合作行动学习，能更有效地促进教师群体学科教学知能（PCK）的提升，这一过程包含四个环节，即拟定主题、设计方案、行动探索和评估效果。

三、教师发展指导者课堂教学临床指导研究——教师能力提升

自2009年参与PISA测试，上海两次拔得头筹，国内外学者均对上海教育的成功进行了深入分析和研究，教师的专业发展制度、教师接受到的专

---

[1] 朱连云.教学知能，你该知道的一个概念［N］.中国教育报，2011-01-28（5）.

业指导、教师发展指导者受到学者的广泛关注。为了探索有效课堂指导的要素与方式、优秀指导者背后的知识与信念、能运用于日常教学科学化指导的操作框架，青浦实验研究所成立研究团队，对教师发展研究者课堂教学临床指导进行研究。2011年，本研究成为由美国密歇根州立大学彭恩霖（Lynn Paine）教授、独立研究员克里·弗莱南德斯（Clea Fernandez）博士、日本山梨大学中村享史教授、威廉帕特森大学日本居美学者吉田诚博士、中国上海教科院顾泠沅教授等联合发起的中、日、美跨国合作项目。

该研究界定了"教师发展指导者"和"课堂教学临床指导"的概念。前者是指与教师一起工作，帮助和指导教师改进课堂教学的人员，主要指省（市）、区（县）、校三级教研员、科研员、师训员和高校从事课程与教学等研究的专业人员，同时包括学校和区域的学科带头人与教研组长及教学领导。后者是指教师发展指导者深入课堂教学场景，对教师的课堂教学进行现场观察、诊断与指导，及时明晰教师的教学理念、诊断教师的教学行为，促进教师提高课堂教学水平和能力的一种专业指导行为。该研究刻画出了教师发展指导者课堂教学临床指导的内容和要素（见表2-2）。其中，学科一般知识、教学理论知识是统领性知识，学情分析、任务设计、过程测评、行为改进是指导工作的要素。指导的流程是横向从"学情分析"到"过程测评"，从"任务设计"到"行为改进"，纵向则是基于"学情分析"的"任务设计"和基于"过程测评"的"行为改进"。

表2-2　教师发展指导者指导内容和要素

内涵	关键要素
（1）学科一般知识（把握学科的体系、对象、性质和方法）	①教学内容的本意是什么？②教学内容的逻辑体系是什么？③如何来抽象与表征教学内容？④如何来增进活动经验与改善思维方法？
（2）教学理论知识（知道教学理论、策略、经验与案例的一般知识）	①如何激发学生的学习情意？②怎样按照循序渐进的原则安排教学内容？③如何设计与组织有意义的教学活动？④如何及时反馈学习效果信息与调整教学？

内涵	关键要素
（3）学情分析 （把握学生的学习基础、理解新知识的困难和学生之间的差别）	①学生已经懂得了什么？②学生自己能学懂的是什么？③学生容易误解和不理解的是什么？④学生学习的差异在哪里？⑤学生需要怎样的合理"铺垫"？
（4）任务设计 （基于课程标准设定教学的目标内容、策略方法、操作练习和教学过程）	①如何确定目标及重点？②如何创设学生"心理挣扎"的机会？③如何在每个环节提供学科意义学习的机会并给予指导？④如何创设学生自觉练习的机会并进行变式训练？⑤如何设计基于目标达成的检测？
（5）过程测评 （据此检验目标达成度，随时修正教学过程）	①学生独立学习情况怎样？②教师引导过程怎样？③学生学习中出现问题，教师怎样处理？④学生的参与度如何？⑤学习目标达成度如何？
（6）行为改进 （设定目标和过程测评情况与现实班级的对接）	①如何实现教学重点的落实和难点的关键性突破？②学生"心理挣扎"如何聚焦于内容学习？③如何促使每个学生理解学科本质意义？④如何调整练习设计的针对性？⑤如何检测目标达成度并进行反馈与调整？

针对现实课堂教学临床指导中缺乏纵向基于"学情分析"的"任务设计"和基于"过程测评"的"行为改进"的问题，研究团队通过具体的研修探索和实践总结出了关键性的策略路径（见图2-3）。

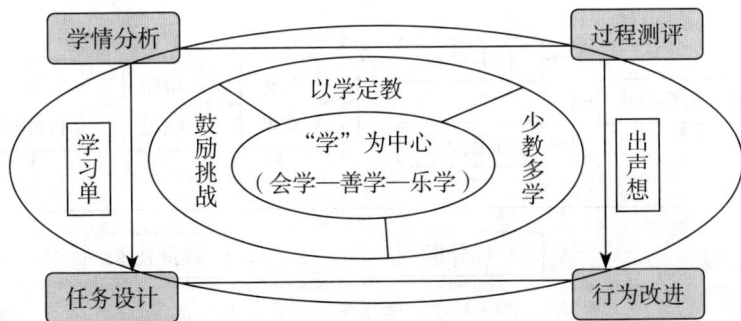

图2-3　课堂教学临床指导与课程改进策略路径图

此外，该研究揭示了教师发展指导者课堂教学临床指导的知识与信念是一个分层回环结构（见图2-4）。其核心是一种信念，即为每一个学生都有效学习而积极改善学与教。内层是指由学科内容知识、教学理论知识、教学实践知识组成的关于临床指导的内容性知识。外层是教师发展指导者的过程性知识，包括诊断性知识和处方性知识。[①]

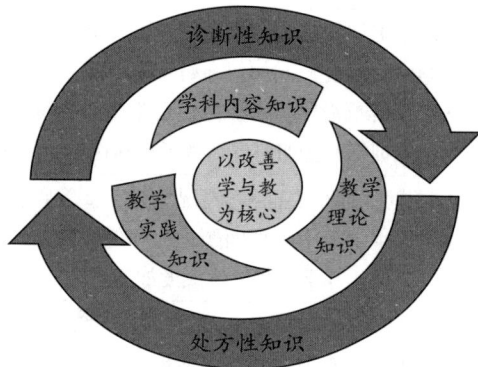

图2-4　教师发展指导者的知识与信念结构框架图

该研究还形成了提高教师专业发展指导者课堂教学临床指导科学化的操作框架（见图2-5），围绕课堂教学改进实验而展开，注重基于学生学习需要、对象、任务基础上的目标分析，注重在诊断、策略与成效评估上的改进技术。

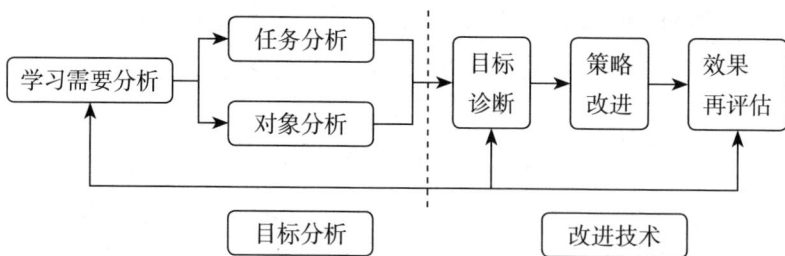

图2-5　课堂教学科学化指导改进的基本流程

----

① 朱连云，彭尔佳.教师发展指导者课堂教学临床指导研究［M］.上海：上海教育出版社，2016：55-58.

第三节　发展基石：新课堂实验探索

导向深度学习的教学变革是建立在国内外深度学习改革的基础上，扎根于几十年青浦实验的文化土壤中进行的改革，更是在青浦前期课堂教学改革上的继续推进和探索。在青浦的教学质量获得大面积丰收之后，对课堂生命质量的要求和诉求逐渐进入青浦实验研究所人员的视野中。既基于有效教学，又超越有效教学，寻找到一种既有效，又使课堂充满生命欢乐和师生潜能都得到开发的教学方式成为青浦实验新时代发展的要义。

在一年的试点之后，"新课堂实验：为学而教的课堂实验"项目启动，紧接着以"一年试点，两年推进，三年初显成效，五年有主体成果；实现课堂教学方式的变革，促进教师更智慧地教、学生更聪明地学，使师生潜能得到充分发展，每个教师体悟职业幸福，每个学生健康快乐成长"为主要目标的新课堂实验行动计划于2011年正式启动。新课堂实验行动计划以典型培植、示范引领、分步推进、模型建构、常态提升、全面总结为策略和步骤推进新课堂实验的研究和改革。研究团队在进行大量的研究和经验考察的基础上，对课堂教学存在的意义和实施素质教育的要义进行思考，借鉴国内外课堂改革的成功经验，确立了"以学定教、少教多学、鼓励挑战性学习"的思想，并确立了基于课例的5E合作行动实践环。

一、"以学定教、少教多学、鼓励挑战性学习"思想

思想和理念是变革的认知基础，决定了变革的具体目标。新课堂实验在探索和实践过程中形成了变革课堂教学的基本思想，即创建基于学情，关注学生知识基础、情意动机，激活思维、激发潜能并促使每个学生最大发展的教学相长型课堂。具体包括三方面：①以学定教。教从学始、依学展开、为学而教，促进每个学生主动、生动、有趣地学习；其抓手是学情分析，设计与实施预学单，基于学生预学的实际情况组织教学。②少教多学。充分发挥学生学习主动性、积极性，让学生"自动"和"互动"起来，教师在充分倾听的基础上进行有针对性的引导、激励和点拨；其抓手是合作学习，生教生、生帮生，教师倾听、梳理、点拨和提升归纳。③鼓励挑战性学习。唤醒和激励学生学习的热情与信心，给学生有挑战性的学习期望，将评价激励贯彻课堂始终，提供丰富的情境与变式，鼓励学生不断挑战自我；其抓手是分水平任务的设计，在"最近发展区"试教，实施"有层次推进"，课内外学习贯通。

二、基于课例的5E合作行动实践环

承续青浦实验行动教育的方式，采用基于课例的合作行动学习，把新课堂实验镶嵌到团队研修之中，借鉴罗伯特·卡普拉斯（Robert Karplus，1962年）5E学习环[①]，即"投入（Engagement）—探索（Exploration）—理解（Explanation）—精致（Elaboration）—评估（Evaluation）"的循环方式加以推进（见图2-6），直至形成常态化的教学行为。投入是指教师在知识、方法和态度上进行准备；探索是指教师以新课堂的思想和方式改进自己的教学，通过"三实践两反思"来实现理念到行动的转换；理解是指

---

① 袁维新，吴庆麟.关于学习环模式的研究综述［J］.心理科学，2007（3）：632–635

教师把握课例、诠释新课堂；精致是指教师形成自己的个人经验；评估是指教师利用他人智慧，检视、发展、提升自己。

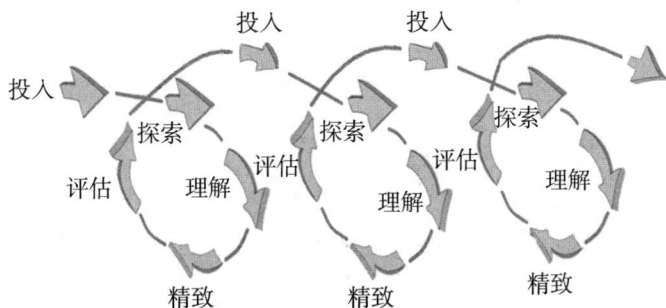

图2-6 基于课例的5E合作行动实践环

自2011年新课堂实验推进以来，师生关系得到了很大的改善，教师更加关注学生的学习意愿，学生则有了更强的自信心和兴趣，实验班和实验校的学生成绩有显著的提高。教师也从中得到了较好的发展，理念得到不断深化，学科教学知能（PCK）得到提升，教师团队也获得专业化发展。

第三章

导向深度学习教学变革的
理论基础

　　理论基础是指某一事物或事件发展或运行所依赖、依靠的理论[①]。对于教学变革来说，理论基础既是一种研究教学变革的认识方法和基本原则，又是构建教学变革理论体系的思想平台和支撑，更是变革实践得以科学开展的前提。理论基础为变革提供了思想上的先导和理论上的依据[②]，能够帮助确立变革的基本立场，确定变革的基本方向和行动的基点，从而保证变革的合理性和科学性，其重要性是不言而喻的。导向深度学习教学变革在充分借鉴和参考各种相关理论的基础上展开，将认知主义的学习分类理论、建构主义的学习及教学理论、人本主义的学习及教学理论和系统理论作为变革的理论基础。本章主要从这些理论的背景、内涵与主张及启示等方面论述其对导向深度学习的教学变革的指导及借鉴意义。

---

① 和学新.基础教育课程的变革与反思［M］.桂林：广西师范大学出版社，2015：8.

② 李松林，金志远.深化课堂教学改革的几个问题［J］.中国教育学刊，2006（12）：46-49.

第一节　学习水平：认知主义的学习分类理论

　　教学变革依据努力的方向可以分为两类：一类是方法和途径的变革，即通过精制已有的方法或者寻找更好的方法去更好地完成现有的目标的变革；另一类是基于目标的重新定位的变革，即重新思考教育的目标——什么样的结果是我们真正希望得到的，并因此探索新目标达成途径的变革。①导向深度学习的教学变革属于后者，因此在系统理论的构建上重新思考和定位想要达到的目标。学习分类理论作为一种兼容多种观点的系统学习理论，具有丰富的内容和可对照的范畴，能够推动我们深化学习机制、建构教学新观念、持续改善教育教学实践②。

---

① 郑太年.学习科学与教学变革［M］.上海：上海教育出版社，2019：48-54.

② ［美］安德森，克拉斯沃，艾雷辛，等.学习、教学和评估的分类学（布卢姆目标分类学修订版）［M］.上海：华东师范大学出版社，2008：10.

一、布卢姆的目标分类理论

深度学习的概念本就源于布卢姆的认知目标分类理论中对学习层次的划分，因而布卢姆的教育目标分类理论也成了导向深度学习教学变革的最核心的思想理论基础。在1948年召开的美国心理学大会上，专家们一致认为需要一个共同的框架来对期望的学生的学习结果进行分类，从而有助于促进专家之间的交流。时任芝加哥大学考试长的布卢姆参加了会议并承担了开发这一框架的重任。布卢姆建构的教育目标分类理论灵感源于生物学上的动植物分类法，这种方法既能准确表述学科特性，又可便于人们明晰动植物的不同结构类型和相互关系①。借鉴这一分类法构建的教育目标分类理论试图寻求既科学又一致的评判标准指导教育中的评价，从而有助于课程编制和评价设计方面的设计交流②。

此外，布卢姆还受到已有分类尝试的影响，并非要确立一个过分具体详尽的分析，只要制定一个普通水准的分类学，更加关注教育经验结果的个体——学生的变化，以学生的终极行为为依据。布卢姆和分类学编制小组的成员们确定了分类的原则——教育学原则、逻辑学原则、心理学原则。教育学原则要反映教育的特性，逻辑学原则意味着分类在逻辑上要做到简明扼要和连贯一致，心理学原则要求分类和相关的心理学的理论与原理联系。只有符合这三个原则，分类才会合理科学。布卢姆将教育目标分为三个领域：认知领域（加工处理信息、知识和心理技能）、情意领域（态度和情感）和动作技能领域（操作的、手工的或体力技能）。认知领

① 王汉松.布卢姆认知领域教育目标分类理论评析［J］.南京师大学报（社会科学版），2000（3）：65–71.

② ［美］B·S·布卢姆.目标分类和掌握学习思想与论著选读：附J·H·布洛克［M］.北京：中国环境科学出版社，2006：4.

域的框架于1956年发表，情感领域的目标分类在1964年也被提出，而动作技能领域，虽然辛普森和哈洛提供了分类框架，但原开发小组并未从事这项工作。

认知领域的教育目标分类理论是把教育的目标按认知能力的高低先后（从简单到复杂、从具体到抽象）分成六个主类以及它的亚类（见表3-1）。六个主类分别是知识、领会、运用、分析、综合和评价，知识以上的统称为智慧能力与技能。这六个主类被认为是一个累积的层次，各层次之间不能重叠，想要掌握较为复杂的类目，必须先掌握所有低于它的、复杂性稍弱的类目[①]。

表3-1　布卢姆认知领域教育目标分类

类别	主类	亚类
第一类	知识	1. 具体的知识； 2. 处理具体事物的方式方法的知识； 3. 学科领域中的普遍原理和抽象概念的知识
第二类	领会	1. 转化； 2. 解释； 3. 推断
第三类	运用	无亚类
第四类	分析	1. 要素分析； 2. 关系分析； 3. 组织原理的分析
第五类	综合	1. 进行独特的交流； 2. 制定计划或操作步骤； 3. 推导出一套抽象的关系
第六类	评价	1. 依据内在证据来判断； 2. 依据外部准则来判断

①［美］安德森，克拉斯沃，艾雷辛，等.学习、教学和评估的分类学（布卢姆目标分类学修订版）［M］.上海：华东师范大学出版社，2008：224.

自《教育目标分类学：认知领域》出版之后，布卢姆提出的教育目标分类理论产生了巨大的影响。随着教育不断发生变化，教育理论进一步发展，各种修订版本陆续出现。其中，由安德森等人修订于2001出版的《面向学习、教学和测评的分类理论——布卢姆教育目标分类学修订版》（以下简称《修订版》）细致地阐述了更适应21世纪教育目标的新分类框架。新修订的布卢姆教育目标分类框架在吸收了认知心理学的发展成果之后，将原来的单一维度改为两位维度——认知过程和知识。认知过程维度包括记忆、理解、运用、分析、评价和创造6个类目，每一个类目再被细分为两个或两个以上的亚类，共计19个亚类（见表3-2）。知识维度包含事实性知识、概念性知识、程序性知识、反省认知知识4类知识及11个亚类（见表3-3）。认知过程维度是认知复杂性的连续统一体，而知识维度是知识从具体到抽象的统一体。这一框架以帮助教育工作者澄清和报告他们期望学生学到什么为目标，期望于帮助教师理解课程、计划教学、设计评估，并最终改善教学质量。①

表3-2　布卢姆教育认知领域目标分类学修订认知维度

类别	主类	亚类
第一类	记忆——从长时记忆系统中提取有关信息	1. 再认（识别）； 2. 回忆（提取）
第二类	理解——从口头、书面和图画传播的教学信息中建构意义	1. 解释（澄清、释义、描述、转换）； 2. 举例（例示、具体化）； 3. 分类（类目化、归属）； 4. 概要（抽象、概括）； 5. 推论（结论、外推、内推、预测）； 6. 比较（对照、匹配、映射）； 7. 说明（构建、建模）

---

① ［美］安德森，克拉斯沃，艾雷辛，等. 学习、教学和评估的分类学（布卢姆目标分类学修订版）［M］. 上海：华东师范大学出版社，2008：10.

类别	主类	亚类
第三类	运用——在给定的情境中执行或使用某程序	1. 执行（贯彻）； 2. 实施（使用）
第四类	分析——把材料分解为它的组成部分，并确定部分之间如何相互联系以形成总体结构或达到目的	1. 区分（辨别、区别集中、选择）； 2. 组织（发现一致性、整合、列提纲、优化）； 3. 归属（解构）
第五类	评价——依据标准做出判断	1. 核查（协调、探测、监测、检测）； 2. 评判（判断）
第六类	创造——将要素进行组合以形成一致的或功能性的整体；将要素重新组织成为新的模式或结构	1. 生成（假设）； 2. 计划（设计）； 3. 产生（建构）

表3-3 布卢姆教育认知领域目标分类学修订知识维度

类别	主类	亚类
第一类	事实性知识——学生通晓一门学科或解决其中的问题所必须知道的基本元素	1. 术语知识； 2. 具体细节和要素的知识
第二类	概念性知识——能使各成分共同作用的较大结构中的基本成分之间的关系	1. 分类或类目的知识； 2. 原理和概括的知识； 3. 理论、模型和结构的知识
第三类	程序性知识——如何做什么，研究方法和运用技能、算法、技术和方法的标准	1. 具体学科的技能和算法知识； 2. 具体学科的技术和方法知识； 3. 决定何时运用适当程序标准的知识
第四类	反省认知知识——一般认知知识和有关自己的认知的意识和知识	1. 策略性知识； 2. 包括情境性和条件性知识在内的关于认知任务的知识； 3. 自我知识

《修订版》的目标分类理论将预期的学习目标按照"学生将能够或者学会+动词名词"（动词一般描述认知过程，名词一般指出知识）的标

准格式陈述，并且可以用表示知识维度和认知维度之间相互关系的二维表（分类表）来更好地理解和确定目标、评估教学活动。在此之后，切奇斯（Churches）、史蒂芬森（Stevenson）等人也提出了自己的布卢姆分类学框架。[1]

二、青浦实验的目标分类理论

我国于1985年引进了布卢姆的认知领域教育目标分类理论，它不仅将教学目标具体化、准确化表述，能够避免教学过程的盲目性和随意性，从而使教学评估和管理有据可依，而且它使得人们对教学的评价从关注教师的教学行为聚焦到学生从中学到的东西，具有很强的实用价值，备受我国教育界的青睐，运用极为广泛。但令人信服的关于教育目标的大样本测量实证研究却比较匮乏，有研究者指出布卢姆的分类理论在连续性与层次性方面存在漏洞[2]，因此青浦实验研究所研究人员于1990年和2007年组织进行了两次大样本测量，从而在此基础上编制了基于我国数学教育特色的教育测量目标。

这一次的测量目标拟定在遵循布卢姆教育目标分类学编制小组提出的教育学、逻辑学、心理学的原则之上，增加了民族的和学科的两条原理。民族的是指在编制教育目标时要注意本国教育的特色，考虑到与其他国家的不同；学科的指编制教育目标要尽可能符合学科本身的循序渐进的体系结构[3]。1990年的大样本测量针对青浦区3200名八年级学生进行，2007年

① 李芳.布卢姆分类学与美国大学TBL应用——基于美国德克萨斯大学TBL经验［J］.比较教育研究，2014，36（5）：59–64.

② 顾泠沅.口述教改地区实验或研究纪事［M］.上海：上海教育出版社，2014：22.

③ 杨玉东，刘丹.教学目标测量的依据和工具——青浦实验的新世纪行动之三［J］.上海教育科研，2007（10）：43–46.

的大样本测量针对青浦区4349名八年级学生进行。1990年的大样本测量发现布卢姆的目标分类理论在层级性与连续性方面存在问题，难以用到教学实践之中，因此按主因素"记忆"和"理解"两个维度，将布卢姆的目标分类简化为记忆、说明性理解、探究性理解三种水平（见表3-4）。

表3-4　1990年青浦实验对课堂教学三种水平特征的描述

水平	特征描述	关键词
记忆水平	以教师给出结论为主，通过机械的记忆、模仿与简单套用，反复训练学生的记忆能力，有时还使用各种教学工具和手段引起学生的注意，帮助学生记住。在获得知识方面，主要是记住事实，其中包括有关的名称、定义、符号、性质、公理、定理、公式、法则等。在应用知识方面，主要是标准情境中的简单套用，或是按照示例做机械的模仿	给出结论、机械记忆（知其然）
说明性理解水平	教师变换各种角度对知识和技能进行讲解，设计各种例题和变式，使学生领会知识的本质，或者在理解的基础上对数学解题方法进行归类。在例题的讲解方面则注重分析思路与讲清原理。在获得知识方面，要求学生掌握来龙去脉，能用自己的语言或换一种形式正确地表达知识的内容。在应用知识方面，是从一定范围的变式情境中区别出知识的本质属性与非本质属性，或者把变式灵活转换为标准式，以便解决数学问题	变式讲解、理解领会（知其所以然）
探究性理解水平	教师有目的地在新问题情境中引起学生的认知冲突，促使学生积极介入，师生共同参与提出和解决问题，共同进行研究和评价。在获得知识方面，教师重视培养学生对新问题的敏感性，从实际问题中抽象出数学模型或做出归纳假设，探索新知识，并增强数学观念。在应用知识方面，则是在相当开放的变式情境中重视对数学内容的扩展，通过推理获得通性通法，或者通过对数学问题的广泛延伸，使之同时具有对解决问题过程的合理性、完整性、简洁性的追求	情境引导、合作探究、新情境应用（知何由以知其所以然）

考虑到教育目标分类学研究的进步和分类框架的调整，2007年青浦实验研究所再次启动了八年级数学学习能力的大样本测量，在对量表进行调整、修订之后，同样采取因素分析法处理测量结果，此次的结果再度表明对布卢姆等人的质疑是正确的，并得出了包括操作、了解、领会和探究的四层次架构（见表3-5）。

表3-5　2007年青浦实验形成的教学目标框架

类别	主类	亚类
第一类	操作——记忆水平的操作行为、简单练习	1.计算或作图的操作（主要是模仿）； 2.最基本的练习（简单练习以求熟练）
第二类	了解——以记忆水平为主的复述行为、初步了解	1.具体事实和术语的知识（复述或呈现）； 2.基本概念的了解（初步知道含义）
第三类	领会——初步理解水平上的领悟、解释，以及在常规问题中的运用或解决此类问题	1.知识、概念及其逻辑关系的领会（注重内涵而非只是复述）； 2.解释或识别常规问题（懂得问题本意、识别其类型）； 3.问题形式转换与推理解决（重在推理思路）； 4.不同变式和比较（可对条件、过程、结论做适当变化）
第四类	探究——高层次理解水平及其在非常规问题中的探索乃至创造	1.探索具体问题中的数学要素或关系（突出思想方法）； 2.组织分析过程（综合成完整的解决方案）； 3.发现或证实一般性结论（猜想、反驳与论证）； 4.评判（依据逻辑或价值标准做正误、简繁、优劣的判断，探究或创作过程的自我反省与评估）

导向深度学习的教学变革就是促使学生提高学习水平的过程，即从记

忆水平到说明性理解水平、再到探究性理解水平的过程就是导向深度学习的过程（见图3-1），包括情意和认知的共同卷入、高阶思维得以发生、知识的内化和深加工、迁移能力的落实、学习意愿和性向的生成。

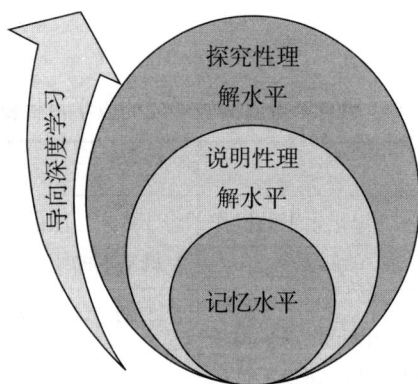

图3-1 青浦实验教学三水平与深度学习的关联

第二节　主动性建构：建构主义的学习及
教学理论

　　教育变革中最难打开的内核是学习的内核，涉及教学实践的变革和教学精神的变革。因此，以学习为变革的出发点和根基受到了广泛的关注与重视。导向深度学习的教学变革也是如此，它针对当前课堂教学中普遍存在的问题——学生在学习过程中的真实需要并未得到满足、真实投入缺失、真实成长并未实现，试图进行新的探索和解决。被誉为"当代学习理论的一场革命"的建构主义理论强调学生的主动探索、主动发现、主动建构，能够为导向深度学习的教学提供理论和方法上的借鉴，从而促进教学观念的转变、教学变革的推进。因此，建构主义的学习理论和教学理论成为此次变革的理论基础之一。

一、建构主义的学习理论

　　建构主义是学习理论中行为主义发展到认知主义之后的进一步拓展，于20世纪80年代在西方开始出现并逐渐流行起来，20世纪90年代传入我国，受到了我国教育界的关注和重视。皮亚杰、维果茨基、布卢姆等人的理论和思想对建构主义产生了重要影响，为建构主义学习理论的形成奠定了基础。

目前建构主义流派复杂，尚未形成稳定、统一的体系。主要存在六种倾向的建构主义，分别是激进建构主义、社会建构主义、信息加工建构主义、社会建构论、控制论系统观和中介行为的社会文化观点。此外，学者们对建构主义的分类也存在不同。澳大利亚教育学者马修斯将建构主义分为教育学建构主义、哲学建构主义和社会学建构主义。其中，教育学建构主义又可分为个人建构主义、社会性建构主义和激进建构主义。我国教育界将教育学建构主义分为认知建构主义和社会建构主义。尽管这些流派具体的主要观点和主张略有不同，但是他们在怎样看待知识（知识观）、如何理解学习活动（学习观）、怎样看待学习者（学生观）等方面具有相同点。

建构主义学习理论的独特性也体现在其知识观、学生观和学习观上。其中，知识观的转变是建构主义学习理论最大的特点。知识观通常是对什么是知识、怎样看待知识、如何获取知识等问题的解释和回答[①]，多从知识与世界、人的关系等方面确认知识存在以及知识的属性等。与认为知识是不受主体因素影响的"客观"真理的认知主义和行为主义相比，建构主义质疑知识的客观性和准确性，主张知识并不是对客观现实的准确"表征"或"映像"，而是一种解释和假设[②]，而且这种假设不是一成不变的，而是不断发展的，会不断出现新的解释和假设。此外，建构主义还强调知识不是被动获得的，而是认知主体积极、主动建构的；知识不是独

[①] 刘万伦.建构主义教学思想及其在我国的本土化问题［J］.比较教育研究，2005（7）：7-11.

[②] 陈琦，张建伟.建构主义学习观要义评析［J］.华东师范大学学报（教育科学版），1998（1）：61-68.

立于我们存在的，而是每个人从自身角度出发，按照自己的理解方式建构的，因而知识是个体化、情境化的。建构主义主张知识的建构需要新旧经验的互动才能实现，需要在社会互动中建构，在真实的社会情境和社会关系中发生，是人与情境联系的产物。

关于学生，建构主义者认为学生是有知识经验背景的，且水平、类型及角度都不同。在学习时，学生是自己的知识的建构者，其有充分的主体性，并非信息的被动接受者。学生在认识、解释、理解世界的过程中建构自己的知识，在人际互动中通过对社会性的协商进行知识的社会建构。[①]

从学习观的角度，建构主义要回答人是如何学习的，即学习是如何发生、进行的这个问题。行为主义观念认为学习是反应的强化，认知主义则将学习视为知识的获得，建构主义学习理论对学习的隐喻明显不同。在反思传统的学习的隐喻的基础上，建构主义者提出"学习是知识的建构""学习是知识的社会协商"[②]。更具体地说，学习不是教师传递给学生的，而是学习者在自己日常生活中已经形成了丰富生活经验以及一系列认知结构的基础上，根据自己的背景进行的主动选择、加工、建构信息的过程[③]。学习是学习者认知结构发生变化的过程。在这个过程中，学生是信息加工的主体以及知识意义的主动建构者，其主观能动性发挥着很大的作用，具有很强的自主性。除了强调学习的主体作用之外，建构主义还强调学习的情境性，主张将知识和一定的真实任务情境联系起来，能够使学习者形成背景性经验，从而形成对知识的多角度理解，掌握知识的复杂性

---

① 裴新宁.建构主义·多元智能［J］.全球教育展望，2004，33（10）：23–27.

② 吴刚.建构主义与学习科学的崛起［J］.南京社会科学，2009（6）：98–104.

③ 邹艳春.建构主义学习理论的发展根源与逻辑起点［J］.外国教育研究，2002（5）：

　27–29.

和相关性。①此外，建构主义还强调学习的社会性，强调情境中的协作学习，主张通过协作，学习者对知识的理解会更加丰富和全面，从而达成学习的社会性建构，并十分关注个体与社会之间的平衡关系。

二、建构主义的教学理论

在认知主义发展基础上产生的建构主义，除了形成了全新的学习理论之外，也形成了全新的教学理论。建构主义的学习理论与传统的注重教师教授相比，强调学生的学习是基于自身丰富生活经验及认知结构的主动建构，是真实情景中的互动产物，建构主义的教学理论也对之前的"以教师为中心，过分强调知识传授"提出了挑战，主张采取新的教学目标、新的教学设计、新的教学原则，并生成了新的教学模式。

在教学目标方面，建构主义将发展学生的主体性而非知识的传递作为教学目标。建构主义的知识观将知识看作个体主观建构的解释和假设，因此课本知识也只是关于现象的较为可靠的、更为可能的假设，而并非最终的正确答案。所以掌握知识并不能完全掌握真理和规律，只有充分发挥学生的主体性、主动性、自觉性，通过个体的主动建构，这些知识才能获得意义，学生的主体意识和创造力才能得到发展。

和传统围绕如何"教"而展开的教学设计不同，建构主义的教学设计强调要以学生的"学"为中心，教师要从知识的权威者、传授者和灌输者转变为学生意义建构的帮助者和促进者。因此，教学设计以分析教学内容—创设情境—设计信息资源—设计学生自主学习—设计协作学习环境—设计学习效果评价等内容与步骤来达到建构教学的效果。并且在设计教学过程中，教师要重视学生的直接参与和直接经验的作用，重视学生的自我

---

① 贠丽萍.基于建构主义学习理论的多媒体网络教学［J］.电化教育研究，2008（7）：
69–71.

探索和发展，以"自下而上"的路线来设计教学进程，即教师向学生呈现任务之后，让学生自行尝试问题的解决，发现所需的相关知识和技能，然后通过探索解决任务，创设以"学"为中心的学习环境来促进学生的发展。

　　学者们通过研究发现，建构主义的教学原则主要包括建构性原则、主体性原则、活动性原则。①其中，建构性原则主要是指教学中教师要启发学生自主建构认知结构，而不能灌输知识；主体性原则是指教学中教师要采取各种措施激励学生主动参与、主动学习、自主发展；活动性原则是指教师在教学过程中贯穿活动，使学生主动积极参与活动，并开展协作学习、小组讨论等促进合作与交流。有的学者将建构主义的教学基本原则细化为六条：关注知识的建构；依靠背景知识建构；提供多极、复杂的真实表征；提供真实世界的、以案例为基础的学习环境；支持反应性实验；支持合作而不是竞争。②前两条回答了建构主义教学理论关注什么，如何关注的问题，即在教学过程中依靠预设背景知识等关注主体对知识的建构。此外，教师在教学中还要考虑复杂性，要为学生提供多样的解释或建议，从而使学生获得对主题的更完整的认识；要提供有意义的、真实世界的任务，并在学习中鼓励合作。

　　教学模式是在一定的教育教学思想、理论的指导下，在某种教学环境中，围绕着某一主题形成的相对稳定的、系统化和理论化的教学范型。它是教学思想的载体，是指导教学实践的纲要，是教学理论与教学实践的中介。建构主义的教学模式是建构主义教学思想的体现，建构主义的教学模式是以学生为中心，在整个教学过程中由教师起组织者、指导者、帮助者和促进者的作用，利用情境、协作、会话等学习环境要素充分发挥学生的

① 胡斌武，吴杰.建构主义教学论述评 [J].电化教育研究，2002（7）：10–12，32.
② 唐松林.建构主义对客观主义的检讨及其教学原则 [J].外国教育研究，2002（1）：20–25.

主动性、积极性和首创精神，最终达到使学生有效地实现对当前所学知识的意义建构的目的。[①]完整的建构主义教学模式包含指导思想、主题、教学程序、目标、策略、内容、评价。[②]详细地说，以建构主义学习理论和教学理论为指导的建构主义模式使用的主题适用于非良构领域的知识，即将按照一定层次结构组织在一起的关于某一主题的事实、概念、规则和原理等应用于具体问题情境时产生的知识。以学习者完成对所学知识的意义建构为教学目标，具体教学程序包括确定教学目标、创设教学情境、自主学习、协作学习、评价。目前已经开发出的比较成熟的教学方法主要包括支架式教学、抛锚式教学、随机进入教学（也称随机访问教学）等形式。相关的教学评价特别强调对学习过程的评价，标准比较多元，主要通过小组评价和个人评价完成。

---

① 何克抗.建构主义的教学模式、教学方法与教学设计［J］.北京师范大学学报（社会科学版），1997（5）：74–81.

② 张红艳.从模式结构的角度探讨建构主义教学［J］.现代教育技术，2007（2）：13–15.

第三节　整体性发展：人本主义的学习及教学理论

　　除了对主动性的强调之外，导向深度学习的教学变革还迫切地希望通过教学变革使学生的真正需要得到满足，将学生的潜能激发，从而使学生获得充分的发展。这些恰恰是人本主义理论所提倡和强调的，从人本主义心理学基础上发展而来的人本主义的学习理论及教学理论主张将学生视为教育的中心，从学生的主观需要着眼，帮助其获取喜欢并且有意义的知识，使其个人潜能、人格、自我得到整体、充分的发展。因此，人本主义的学习理论及教学理论丰富和支持了导向深度学习变革的研究与实践。

一、人本主义的学习理论

　　人本主义学习理论是在20世纪60年代兴起、70年代盛行的人本主义心理学的基础上形成的。人本主义心理学主张人是不可分割的整体，要从整体入手来研究人，每个人都有自己的需要和意愿，要强调人的价值、尊重人的需要，从个体对自己和周围世界的看法着手去了解人、研究人。人本主义的学习理论从这些思想出发，提出了对学习的独特理解和认识。人本主义学习理论的代表人物主要有马斯洛、罗杰斯等。

马斯洛是人本主义心理学的创始人，他提出了人的发展理论。在此基础上形成的学习理论主张学习不是教师强制而为的，而是由学生自己选择决定的，不能外塑，只能内发[①]。在马斯洛看来，外塑的学习只是外在对学生习惯与行动的一些影响而已，是缺少个人意义的，对学生的心智成长没什么意义，学习只能靠内发，活动和方式需要由学生自己选择和决定，并因此提出了内在教育论（又称内在学习论）。这一理论强调的是人的最高层次的需要——自我实现的需要也是教育的终极目标，即教育就是要培养"自我实现"的人，这样的人对天赋、潜能等能够充分开拓利用，能够专心地从事某项事情，做出成长的选择，让自我显示出来。[②]要想实现这一目标，需要引导学生自知，并在自我认识的基础上做出正确的、合乎人性的选择，学生的学习是自愿的、自由灵活的，要按照天性去接受教育。[③]

对人本主义学习理论影响最大的罗杰斯将心理治疗领域的当事人中心治疗法运用于学习领域形成了自己的学说。他提倡"以学生为中心"的人本主义学习，主张学习是人自我价值实现的需要，是个人潜能的充分发挥，是学习方法的学习和掌握，是人格的充分发展。也就是说，学习的内容应是学习者认为有价值、有意义的知识或经验，学生应当成为自发的、有选择的过程，除了知识和经验的获得之外，学习还应当学会如何学习。

罗杰斯将学习分类两种类型：有意义的学习和无意义的学习。其中，只涉及心智，而不涉及感情的学习是无意义的学习；引起学生兴趣、好奇，并发生行为、个性等的变化的学习是有意义的学习。有意义的学习通常在学习的对象上是与学习者有切身关系的、有意义的问题，在学习过程

---

① 卢家楣.学习心理与教学理论和实践［M］.上海：上海教育出版社，2009：36.

② ［美］马斯洛.人的潜能和价值［M］.北京：华夏出版社，1987：255-267.

③ 雷伶.马斯洛内在教育论述评［J］.教育研究与实验，2006（6）：64-68.

中能让学生全身心投入、左右脑并用，并能够利用和激发学生持续的好奇和兴趣，让学生自我评价[①]，可概括为四个要素：学生具有个人参与的性质；学习是自我发起的；学习是渗透的；学习由学生自我评价。[②]在罗杰斯看来，人本主义的学习原则包括：对学习充满好奇与渴望；觉察到学习的意义；当威胁到自己的价值观时，学习会具有防御性；在无压力学习氛围中学习；做中学；参与学习过程；全身心投入学习；自我评价学习；等等。

二、人本主义的教学理论

与人本主义的学习理论相对应，人本主义的教学观念和教学理念也显得独具风格。人本主义的教学观念充满理想主义的色彩，认为人生而本善，人能够超越环境的制约达到自我实现的目的，构成人的发展环境的教学要成为解放人的本性和潜能的地方，实现自我教育，达到"完整的人"的培育。人本主义的教学理论反对以教师为中心的传统教学，主张采取以"以学生为中心"的教学模式。这一模式主张学习时间的利用、学习内容的选择、学习动机的发动、学习方法的掌握、学习评价等都尊重学生的意愿，让学生自己决定。

这一模式最先由罗杰斯提出，在他看来，"以学生为中心"的教学主张将学生看作"人"，真正尊重学生，相信学生的本性，相信学生能自己教育自己，发挥自己的潜能，达到自我实现，并尊重学生的个人经验。首先，在具体的"以学生为中心"的教学中，前提条件是被认为权威人物的领导和个人要有把握和安全感；其次，教师、学生、家长等要分担起对学习过程的责任，其中教师要提供学习资源，学生要与他人协作制定学习方

---

① 江光荣.人性的迷失与复归——罗杰斯的人本心理学［M］.武汉：湖北教育出版社，2000：195-196.

② 佐斌.论人本主义学习理论［J］.教育研究与实验，1998（2）：33-38，72.

案，共同探究，并进行自我评估，将自律视为自己的责任；最后，教师要营造真诚、关怀、理解的学习氛围。[①]罗杰斯"以学生为中心"的教学形式称为"自由学习模式"，包括学生参与决定学习的内容与授课方式；学生选择信息源；师生共同制定契约；课堂结构安排可变通；学生进行评定等形式。

在罗杰斯看来，"以学生为中心"的教学关键在于教师，教师教的首要目的是促进学生的学习。首先，教师要允许学生通过自己满足好奇心；其次，教师要通过营造学习氛围、注重学生个别差异，促进学生的学习，以保持或激发学生对学习的热爱。教师在与学生互动时要相信学生有自我发展的潜能，要保持"真实、关注和同感理解"的态度。其中，真实是指教师是真实的个人，而非角色，可以有内在体验，也可以将情感和情绪外在表达；关注是指教师要发自内心地关注和关怀学生；同感理解是指教师要用孩子的眼睛看待世界和自己[②]。

除此之外，人本主义的教学模式还包括由科恩（Cohn）创建的以题目为中心的课堂讨论模式和开放课堂模式。前者是教师为课堂阅读与时间利用设计的一种技术，它要求教师要提出有利于课堂讨论的课题，在教学中运用各种方式促进课堂讨论，在教学过程中允许学生任何时候讨论和离题[③]。后者是韦伯提出的适用于年龄较小儿童的一种模式，要求课堂无拘无束、不拘形式，学生可做想做的事、学想学的科目，而教师只需对活动提出建议，并适时促进儿童与学习材料接触。

---

① 车文博.人本主义心理学［M］.杭州：浙江教育出版社，2003：449.

② 江光荣.人性的迷失与复归——罗杰斯的人本心理学［M］.武汉：湖北教育出版社，2000：198–202.

③ 卢家楣.学习心理与教学理论和实践［M］.上海：上海教育出版社，2009：46.

第四节 系统性变革：系统理论

任何教育变革，除了需要拥有良好的、适切的指向变革内容、目标、知识等的教育理论之外，还需要关注变革采用的方法、措施及机制的变革理论，只有这两种理论相结合并共同作用，教育变革才能走向深入，变革才能走向成功[①]。因此，除了教育目标分类理论、建构主义学习及教学理论、人本主义的学习理论及教学理论这些教育理论之外，导向深度学习的教学变革还需要具体的变革理论。系统论是全面系统地研究和处理有关对象的整体联系的一般科学方法理论[②]，教学变革作为一个复杂的系统性工程，用系统论的视角来梳理变革的要素、省思变革的架构，对变革的推进大有助益。

系统论产生于20世纪20年代的生物学领域，是由美籍奥地利生物学家贝塔朗菲在将生命看作有机整体的机体论的基础上提出的。随着一系列把

---

① ［加］迈克·富兰.变革的力量——透视教育改革［M］.北京：教育科学出版社，2000：220-221.

② 赵鸣.系统论视域下思想政治理论课实践教学模式的构建［J］.思想理论教育导刊，2014（3）：69-72.

"系统"当作对象的新学科的出现，系统论逐渐流行起来，随着《普通系统论的历史和现状》的发表，系统论的学术地位正式确立。创始人贝塔朗菲认为，系统就是"相互作用的诸要素的复合体"或者是"处于一定相互联系中的、与环境发生关系的各个组成部分的整体"。系统中的各个组成部分是系统的要素，这些要素处于不断的运动和相互联系之中，并且有一定的秩序或组织形式，这是从静态的角度对系统的认识。从动态的角度来说，系统是"一组相互连接的事物，在一定的时间内，以特定的行为模式互相影响"。[①]

系统论认为，任何一个系统都包括要素、连接、功能或目标三种构成要件。系统最基本、最鲜明的特征是系统的整体性，通常系统是指一个有机的整体，除了各组成部分（要素）的功能外，系统还具有整体的、新的功能，系统也可理解为"整体大于各部分的总和"。层次性是系统的一种基本特征，是指构成系统的各要素在结构、地位、作用与功能等方面的差异使得系统表现出了等级性和次序性。系统的另一特征是开放性，是指系统不断与外界进行物质、能量、信息等的交换，从而达到动态平衡。系统论主张任何事物都是有机的统一整体，凡是有着复杂结构与组织特征的系统，都可从系统或整体的视角去研究。除了认识系统的特点和规律，掌握系统的特征和原则之外，更重要的是系统论主张用系统论的观点去认识和解决实际系统问题，综合协调各要素间的关系，调整系统的结构、功能以体现整体效应，规范系统的运行以体现有序性，从而使系统达到最优化。[②]

和导向深度学习的教学变革相联系，系统论视域下的教学变革的研究和探讨，关系到变革的进一步完善，关系到变革工作的创新，关系到教学

[①] ［美］德内拉·梅多斯.系统之美［M］.邱昭良，译.杭州：浙江人民出版社，2012：7.

[②] 赵鸣.系统论视域下思想政治理论课实践教学模式的构建［J］.思想理论教育导刊，2014（3）：69-72.

变革研究的拓展和深化。系统论的基本思想提供了认识变革的新的思路和视角，系统论的方法为变革提供了工具和指导。已经推进的导向深度学习的教学变革是一个由信念系统、备课系统、教学法系统、教研系统等要素构成的多要素的系统，只有运用系统论的思想方法，抓住主线，把各要素按照规律科学地组合起来，科学架构、梳理和调试，使其目标指向协调一致，才能发挥系统的整体优势，达到最佳效果①。

① 郎耀秀.系统论视阈下新建本科院校应用型人才培养体系之构建［J］.学术论坛，
2011，34（7）：203-206.

第四章

导向深度学习教学的信念体系

　　几乎所有有教育价值的变革都需要新的信念和新的认识[1]，变革的发生常常伴随着传统信念的破裂与旁落以及新的信念的凝聚与主导[2]。这在一定程度上是由教育变革的性质所决定的。教育变革是有明确的意图和价值取向的集体行动，这些意图和价值取向若成为集体的、共识性的变革，信念就能够发挥先导性、引领性、启发性作用，不断地催生变革的意义，影响到变革的成功。导向深度学习的教学变革是在已有的变革信念上对其进行创新、重塑，并构建了新的系统的信念体系，旨在对变革的理念引导、行为筑构、教师信念进行系统的规划，提高变革参与者对这一变革的认可程度和有效参与度，从而实现真正成功的变革。

---

① ［加］迈克尔·富兰.变革的力量——透视教育改革［M］.北京：
　教育科学出版社，2004：31.
② 黄秦安.信念在数学革命与知识范式转换中作用的案例研究［J］.
　科学技术哲学研究，2019，36（3）：7-12.

第一节 导向深度学习教学的核心理念和基本内涵

信念是个体或共同体对某一问题及解决办法等形成的一般的、稳定的、普遍的和整体的看法。变革的诉求不同，则其建构的信念体系不同，信念体系内的信念之间是相互连贯、融洽的关系。导向深度学习教学的信念是在当前时代语境下、在长期的变革实践中形成的长期而稳定的信念。这一信念首先在变革的核心理念和基本内涵这一认知维度上展开，在变革参与者主体认同、确认、内化后成为饱含丰富情感体验和心理感受的精神状态，进而激发和决定参与者的行动。为此，我们先从核心理念和基本内涵两个方面阐述导向深度学习教学在理念方面的系统规划。

一、导向深度学习教学的核心理念

理念是对事物的认识、理想和观念，是一种价值化的表达。变革的理念是对变革的理性认识与目标追求，是变革的核心，是变革实践的认知基础，是转变变革实践的先导。明确和确立核心理念，并将其运用到实践中，能够为教育变革指明方向，从而更好地引导和促进变革。导向深度学习的教学的核心理念是对导向深度学习的教学的概念要素的价值化表达，是对导向深度学习的教学应当是什么、有什么价值等的描述和回答。

面对"琳琅满目"的信息化世界，现代人冲浪式学习、碎片化学习的现象越来越普遍，学校课堂的学习受到了传统听讲模式和现代冲浪式学习的双重冲击，学生普遍缺乏体验，缺乏情意，缺乏认知深加工，缺乏对知识的迁移运用，这不利于人的终身发展和人类的可持续发展。因此，我们提倡深度学习，即提倡核心素养视域下的学会学习、学会创造、学会合作、学会共同生活的过程。导向深度学习的教学变革就是在这样的基础上，结合变革的具体需要，形成了变革的核心理念，即导向深度学习的教学旨在激发每一个学生的情意和潜能，促进学生真正理解和进步，培养其核心素养，发展其完全人格（见图4-1）。

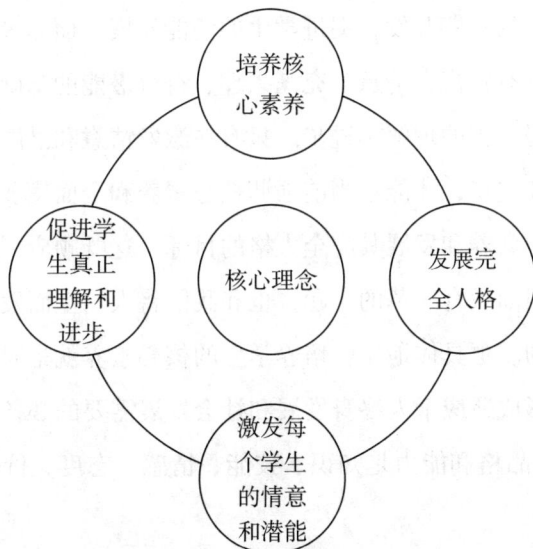

图4-1 导向深度学习教学的核心理念

教育是一个"外塑"的过程，更是一个通过教师不断指导和引导使学生"内化、内发、主动"学习的过程。当前对深度学习的关注主要集中在认知方面，如高阶思维的形成、对知识的理解迁移，但对通过知识学习深层次理解知识内涵的情感、态度、思想文化与价值观仍关注不够，对通过教学促进学生的情感态度与价值观等目标的注重比较少，即对学生的情意目标达成不够，学生的学习主动性缺失，学得被动。导向深度学习的教学希望教师通过教学不仅传播知识，而且通过知识的教授来实现情意目标的达成，激发每个学生对知识内在意义系统的探究，使学生形成积极主动的学习态度，获得愉悦感和幸福感，从而促进自身的情感发展、思想形成、精神发育、价值观提升。[1]此外，人的潜能是巨大的，关注每位学生的潜能开发远远比关注其现阶段有多么聪明重要。苏霍姆林斯基曾说："最主要的是在每一个孩子身上发现最强的一面，找出他作为人发展根源的'机灵点'，做到使孩子能够充分地显示和发挥他的天赋素质，达到他年龄能达到的卓越成绩。"导向深度学习的教学便是要创设学习情境、学习条件，激发学生的潜能开发，促进学生的潜能发展，而非等待其成熟之后再考虑发展。唯有在富含情意、充满兴趣、符合潜能的基础上进行的学习和理解才能获得真正的理解和进步。只有在激发情意和潜能的基础上促进了学生的理解和进步，才能在当前强调核心素养和全面发展的时代，实现培养学生的核心素养和发展其完全人格的目标。这既顺应了时代发展的要求，又呼应了当前教育改革的主题，也和我国将人的全面发展作为教育根本宗旨是一致的。更具体地说，培养学生的核心素养就是通过教学变革，要让学生能够形成适应个人终身发展和社会发展需要的必备品格与关键能力。[2]这些必备品格和能力是知识、技能、情感、态度、价值观等多方面

---

① 姚林群，向野."教知识的符号"转向"教知识的意义"：兼论知识教学中情意目标的达成［J］.中国教育学刊，2018（7）：57-61+93.

② 辛涛，姜宇，林崇德，等.论学生发展核心素养的内涵特征及框架定位［J］.中国教育学刊，2016（6）：3-7，28.

的结合体。①导向深度学习的教学以"培养学生的核心素养"为理念，便是以实现学生的核心素养培养为目标，从教学的角度推动其实施和落实的重要步骤。核心素养的内涵、特征等能为导向深度学习的教学变革提供依据，其变革的内容和框架也能够依据核心素养的要求展开，并且变革最终要发展学生的完全人格（健全人格），使学生的真善美得到充分的发展。

二、导向深度学习教学的基本内涵

导向深度学习的教学是指教师通过创新教学方式，引导学生获得对教学内容的主动建构、领悟和有效迁移以及让学生生成新的学习意愿与性向，学生的潜能得到激发的教学。它是一种基于学生探究性理解的教学，相对于"记忆性听讲式"的教学来说，旨在通过激活学生的学习主动性和创造性，让学生会学、乐学，使学生的潜能得到释放。教的方面有三条标准，即以学定教、少教多学、鼓励挑战；学的方面也有三条标准，即深体验、真理解、能迁移（见图4-2）。

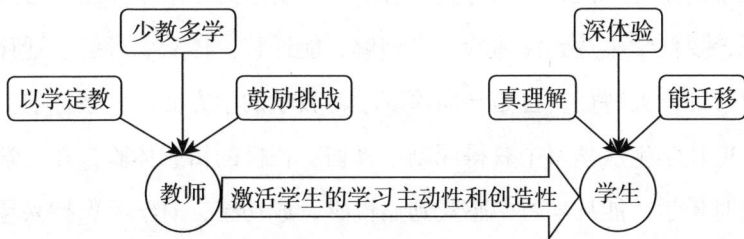

图4-2　导向深度学习的教学标准

可以说，导向深度学习的教学以学与教方式的变革为突破口，把教学

---

① 林崇德.21世纪学生发展核心素养研究［M］.北京：北京师范大学出版社，2016：29-30.

的出发点和着力点从教师如何教转化到学生如何学上来。

从教的角度来说，以学定教，即以学生的学习性向定教，以学生的学习基础定教，在充分了解学生的基础之后再决定教学内容和教学方法，教从学始，以学展开，为学而教，促进每个学生主动、生动、有趣地学。以学定教意味着先学后教，学生的学是第一位的，学生要基于自身的努力，尝试获得新知识，在学生自主学习的基础上进行的教学能够更有针对性。少教多学，其中"少教"是指追求教的质量和效率要高，教要教到点子上，"多学"则注重学生学习的效果和能力要好，多去发现、多去探究。少教多学主张充分发挥学生学习的主动性、积极性，让学生"自动"和"互动"起来，教师在充分倾听的基础上进行有针对性的引导、激励和点拨。鼓励挑战性学习，即唤醒和激励学生学习的热情与信心，激发学生产生对自己的挑战性期望。不同的学生有不同的挑战水平，只有立足自身水平对自己有了挑战的期望，才能真正进入学习的过程，才能产生学习的自觉、自信和自学要求[①]。教师要将评价激励贯彻课堂始终，提供丰富的情境与变式，鼓励学生在自己的"最近发展区"内不断挑战。

从学的角度来说，导向深度学习的教学要致力于学生深度学习的落地和实现，要使学生达到深体验、真理解、能迁移。体验、理解、迁移既是深度学习的三大特征，也是导向深度学习教学的学方面的三条标准。深体验，即要让学生从学习中获得深刻、真切、积极的情感体验，在会学、善学的同时乐学，能从学习中感受到愉悦感、成功感，对学习保持兴趣，保持求知欲。真理解，即要让学生对知识、事物达到真正的理解，从联系、关系到本质、规律，并在认识知识、事物的基础上，掌握不同的认知方

---

① 顾泠沅，官芹芳.以学定教的课堂转型［J］.上海教育，2011（7）：34-37.

法，形成一个相互关联、相互支持的认知网络。能迁移[①]，即使学生能培养出迁移能力，在对已有知识深入理解的基础上，对新问题情境共同本质属性进行分析、概括和重新组织，将所学的知识和经验运用到新的情境中解决问题，并实现运用迁移。

---

① 凯瑟琳·埃尔金，钱旭莺.为了知识而教和/或为了理解而教［J］.全球教育展望，
　 2013，42（5）：3–13，34.

第二节　导向深度学习教学的实践框架

将理念和内涵转化、内化为教学变革的实践需要建立一个切实可行的、可实际操作和运用的实践框架，这是最关键和最直接的步骤。青浦实验研究所的研究人员一方面从已有的实践经验中进行筛选，试图厘清导向学生深度学习的课堂教学关键，另一方面从文献研究中梳理比照，希望汲取、借鉴中外教学思想精华，提炼出立足本土教学实际和面向未来核心素养的课堂教学框架，即以激活思维为主线，以问题解决为出发点，以尝试探究为方式，以落实解决问题的体验和形成可迁移能力为目标，以生成学习情意、性向为目的教学设计、课堂结构、课堂文化的整体变革。

一、更加关注"学"的教学设计

与尝试错误、随机组合不同，经过"设计"的教学是有目的、有意图的教学，教学设计的存在价值和逻辑起点都是教学，更确切地说，教学设计是以帮助学习过程而不是教学过程为目的的[1]，并且以有目的的学习

---

[1] ［美］加涅.教学设计原理［M］.5版.王小明，庞国维，陈保华，等译.上海：华东师范大学出版社，2018：05.

而非"偶然"学习为目的。在长期的教育教学实践中，受到"重教轻学"倾向的影响，教学设计多从"输入端"开始思考教学，依据教师的教导思路展开，以"怎么教"为核心问题，关注教师通过什么样的策略和方法才能促使学生完全掌握教学内容并且融会贯通、学会运用，最后实现教学目标。其产品教案也是从教师教的角度出发、为教师教服务的。这种以"教"为主的教学设计是基于认知主义理论的，从教师的角度来设计教学，在这样的认知观、设计观下，教师是教学内容的传递者、评价者，学生相对应的是知识的接受者、评价的承受者。以这样的教学设计进行教学，势必会影响学习者的学习积极性。

随着学习科学的发展、学习观念的进步，建构主义认知观也逐渐成为教学设计的主导范式，教学设计的出发点和着眼点也逐渐转变为学生的学，教学设计要遵循学生的学习思路展开，也就是说教学设计要从"教的设计"转向"学的设计"。和以教师角度、教学内容为导向的"教的设计"不同，"学的设计"是从学习者的角度来对教学进行考虑和设计。设计面向学习者的实际，指向学习者的学习及发展，以学习者的学习结果作为教学设计的导向，以"期望学生发生什么样的学习变化""需要完成哪些学习任务""应当如何完成这些学习任务"等思路展开，在这样的教学设计中，教师是教学的组织者、引导者、促进者。

在导向深度学习的教学变革中，"学的设计"以学生的深度学习为归宿，凸显探究性理解和批判性思维与问题解决，以学习启动、学习中继、学习整理和拓展进行系统设计，并以课前、课中、课后连贯一致的学习单落地（见图4-3）。

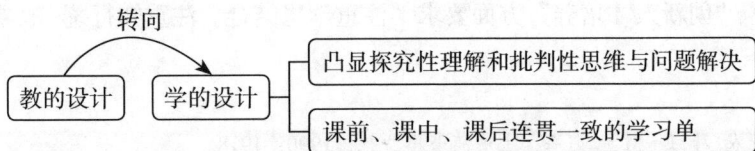

图4-3　导向深度学习新课堂的教学设计

二、"做、学、教"合一的教学结构

结构与功能相对，是系统内各组成要素之间相互联系、相互作用的方式……是系统具有整体性、层次性和功能性的基础与前提。[①]教学这一系统也具有结构性。更具体地说，教学结构是在一定的教育思想、教学理论和学习理论的指导下，在某种环境中展开的教学活动进程的稳定结构形式。[②]其中的要素（教师、学生、教学内容、教学媒体）之间相互作用、相互联系产生了稳定结构形式的教学活动进程。教学结构既是理性的，能够提供教育教学一个基础和框架，又是自然开放、具有变通性的，教师可以根据这一框架自由生成。

目前在学校中采用的教学结构依旧多为以教师为中心的教学结构。这种教学结构是在工业化背景下建立起来的，其特点是：教师是知识的教授者，学生是知识的接受者，教材是教学内容的主要来源，而教学媒体仅仅是辅助的演示工具。在这样的教学结构中，教师与学生之间是单向的互动或者是消极的、低效的互动。随着信息技术的发展，技术作为新时代教学中新的结构性要素，改变了传统的课堂教学生态，教师和学生的角色发生变化，教学内容变得不确定、不稳定，教学媒体开始发挥更多的功能。因此，打破传统的课堂教学结构，构筑新的课堂教学结构显得必要而可行。

导向深度学习的教学主张变教师讲授为主为"做、学、教"合一，以做（活动）来贯穿学与教，实现学思结合、知行结合、多元交互，具体的结构为"预学展示、助学评议、拓展迁移"（见图4-4）。这是和国家的政策方针相统一的，《国家中长期教育改革和发展规划纲要（2010-2020年）》"创新人才培养"方面要求"注重学思结合。注重知行统一。"

---

① 夏征农.辞海［M］.上海：上海辞书出版社，1990：1918.

② 何克抗.教学结构理论与教学深化改革（上）［J］.电化教育研究，2007（7）：5-10.

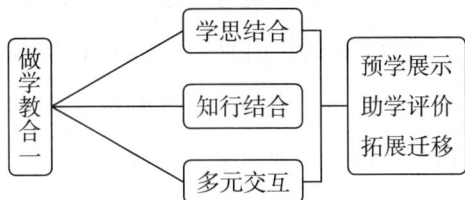

图4-4　导向深度学习新课堂的教学结构

在"做、学、教"的教学结构中，教师、学生、教学内容、教学媒体之间是多元互动的关系，这种互动关系不仅表现在教师与学生之间，还体现在教师与教学内容、教师与教学媒体、学生与教学内容、学生与教学媒体之间存在的复杂的互动。在教学过程中，教师组织、实施教学活动，为学生的学习活动提供支持和指导，学生与教师反馈交流；教师对教学内容进行收集、整理，利用教学媒体呈现和展示，学生依据兴趣选择学习内容与学习媒体，并能自主调试。这样既促进学生对知识的理解与领会，更促进学生利用知识进行迁移和创造。

"预学展示、助学评议、拓展迁移"是"做、学、教"合一这一教学结构下的一个用于指导具体教学进程展开的教学模式。详细的内容将在本书第六章中呈现。

三、支持、激励、帮助的教学文化

教学总是蕴含着文化，除了教师群体之间形成的文化和学生之间形成的文化之外，师生之间的相互作用共同形成了独特的文化形态——教学文化。教学文化是教师和学生作为集体主体在教学互动中构建的生活方式，或者说它是由长期受相似支配和限制的教师群体中的信仰、价值观、习惯和假定的行为方式构成的。[①]教学文化作为一种无形而又强大的力量，既

---

① 刘庆昌.教学文化：内涵与构成［J］.教育研究，2008（4）：48-50.

是教学实践展开的前提和背景，又能够渗透到教学过程中，对教师和学生均产生深刻的影响。教学文化的作用通过一定的情境、环境氛围来发挥。

传统的教学文化过于注重知识的工具价值和重要地位，表现出追求分数的功利主义教学追求。在课堂教学中，教师注重对知识的传授和填充，而非关注学生对知识的理解和意义的获得，往往过分强调纪律性和教师的权威性，对课堂的管理和控制比较严格，师生关系比较紧张，因而课堂文化氛围过于严肃。在这样的教学文化中，学生的自由性和创造性难以很好地培养和发挥出来。

深度学习关注学生的理解与探究，强调学生主体性的彰显，需要重建课堂教学的文化氛围，因而导向深度学习的教学主张要建设和实施"支持和激励的学习氛围、互惠互助的学习机制、差异化和个性化的教学"。在富含支持、激励、帮助的教学文化中，课堂学习会更加安全、有趣，富有活力和挑战性，学生会被给予积极的鼓励和期待，并发展出积极的学习态度、自我概念以及合理的价值观，从而获得更好的成长。这三个部分共同构成了导向深度学习教学的实践框架，让学生在问题情境中自主建构，在教师的引导下获得对教学内容的领悟和探究性、批判性理解，生成新的学习情意、学习性向和学习迁移能力。

第五章

导向深度学习教学的备课体系

　　"教改最终发生在课堂上"，上课的成效与备课密切相关。备课作为教师实施教学的前提和首要环节，起着制定蓝图、预先规划、预先探索的作用，其质量直接影响课堂教学的优劣，甚至决定课堂教学的成败[①]。备课既要对课堂教学方案做出提前设计，又要为教学时教师和学生的生成做好留白，既包括一个课时和一个单元课的计划，也包括一门课程的整体规划。备课既涉及课程标准、教材内容的研读和钻研，也包括对学生的分析与理解，还囊括了对教学方法的筛选和选择。作为一个复杂的专业实践活动，备课需要教师具备适宜的备课观念、相关的专业能力，更需要可行而科学的技术工具的支持。导向深度学习的教学变革中开发出了一套实用、有效的导向深度学习教学的技术工具——一图二表三单一视频，并据此构建了一个新的备课体系，从而使教师更好地完成课前准备，达到最佳的备课效果，把学生带入深度学习。

---

① 黄红成.课眼：备课的着力点［J］.中国教育学刊，2012（10）：86–87.

第一节 单元及课时主干知识图谱的绘制

知识的教学和学习是课堂教育教学的核心内容，当前的教材知识主要以渐进分化和融会贯通两种原则组织。前者关注知识纵向上从高到低不同等级，后者关注知识横向同一分化水平上的关联关系。教师如果按部就班地按照教材设定的知识顺序准备教学，容易使学生学得碎片化，缺乏对知识整体的把握。知识图谱作为一种组织知识的工具，利用节点（图形）表示概念，用连接线表示节点之间的关系，通过系统地归纳和组织，把大规模、复杂的概念转化为可视的地图[1]，这种方式能够将零碎的知识条理化、系统化，并以可视的形式呈现出来。通过知识图谱的绘制，知识点能够被进一步明晰，知识的内在逻辑结构能够被阐明，知识体系能够被更好地掌握。对于教师来说，知识图谱的绘制实质上是以单元为要素进行的课程统整。

课程统整是基于特定的逻辑进行的，逻辑基础不同，往往课程统整的形式和样式也不同。在导向深度学习的教学变革中教师进行的主要是常

---

[1] 姜强，药文静，赵蔚，等.面向深度学习的动态知识图谱建构模型及评测［J］.电化教育研究，2020，41（3）：85-92.

态化课程的统整，尤其强调学科内部知识的统整，又称为科内知识统整。所谓科内知识统整，是指发生在某一学科内部，由科任教师独立实施，旨在促进学科知识结构优化、摆脱知识的碎片化，帮助学生建立系统、完整的知识体系的过程。教师综合运用学科史法（学科教学内容与学科史融合）、联结式法（列出单元主题并寻找联结）、窠巢式法（以某一主题、单元为核心，加入其他概念，形成单一学科、多层面的学习单元）等方法进行科内知识的统整[①]。

一、深度解读课程标准，分析教材

课程标准是确定一定阶段的课程水平、课程结构与课程模式的纲领性文件[②]，具有定位学科性质，规定学段、学科课程目标，规定学习内容及学习方式，总体描述学习结果等功能。课程标准对课程目标、内容、评价等的规定和建议，是教师进行课堂教学的基本依据，是教材编写的指南。因此，科内知识的统整需要在深度钻研和解读课程标准的基础上进行。但目前的教育教学实践中，多数教师往往会忽视对课程标准的研读，或者对课程标准的研读较浅，仅仅将课程标准视为理念和方向的指导[③]，缺乏在实践中对课程标准的体悟与对话，难以把握课程标准，更不用说依据课程标准对教材进行分析了。

首先，教师在备课前要对课程标准进行深入的钻研和解读，首先要分析课程目标。课程标准中规定了学科课程目标和学段课程目标，描述了不同学科、不同年级水平所应得的学习结果，教师要理解和全面把握，并据

---

① 刘登珲.课程统整的概念谱系与行动框架［J］.全球教育展望，2020，49（1）：38-53.

② 顾明远.教育大辞典（增订合编本）［M］.上海：上海教育出版社，1998：2121.

③ 严家丽，孔凡哲.论"课程标准—教科书—教师"关系理解的三境界［J］.中国教育学刊，2014（2）：39-43.

此来确定教学目标，设计相一致的评价。但课程标准中的目标比较抽象、概括，教师需要对这些目标进行分解。而对于其中凝练的学科核心素养及学业质量标准，教师要准确把握，并结合学段、教学内容进行具体化和操作化。其次，教师要分析课程内容与要求。课标中对课程内容以及采用何种方式学习这些内容做了规定，可以参照课程标准选择教学内容及活动方式。例如，数学、化学等理科学科由于课程标准本身就是内容标准，需按照课程标准中的内容进行教学，而语文、英语等文科学科由于课程标准是能力标准，可以选择其他资源作为补充。

在对课程标准有了精准的理解之后才能从课程标准的角度来审视教材、分析教材。教材是依据课程标准对教学材料做出的具体设计，是教师们进行教学活动的直接对象，也是学生进行学习的直接载体。但课程标准与教材之间并非完美对应，是存在开拓空间的。教师要依据课程标准分析教材，领会教材的编写意图，了解教材的内在逻辑。

从内容方面来说，对教材的分析包括对教材里涉及的知识的分析，对其所蕴含的知识之间的相互关系的分析，对知识在学科体系中的地位的分析，等等。对教材里涉及的知识的分析要做到多角度、多方位，对知识之间的相互关系的分析要从关联度和层次性方面进行，对知识在学科体系中的地位的分析要结合学科课程标准进行。

从环节方面来说，对教材的分析包括对教材纵向的分析和对教材横向的分析。对教材纵向的分析是指将教学内容置于完整的学科体系中考量，通过对与之相关的前后学习内容的比较，厘清教学内容在整个学科体系中的位置，把握教材的重点和难点，明确教学内容的本质特性[①]。对教材横向的分析是指对某一主题的教学内容尽可能参考不同版本的教材，从不同

---

① 马兰.整体化有序设计单元教学探讨［J］.课程·教材·教法，2012，32（2）：23-31.

版本的教材的比较中、从不同的教材编写逻辑中分析和把握相关内容。有的教材以知识的本体逻辑作为串联内容的主线，关注知识相互之间的内在关联性。有的教材关注到了学生的认知逻辑，强调学习内容及结构对学习者的适切性。有的教材则关注知识与现实世界的意义关联性，强调知识的社会意义和现实性[①]。有的教材则上述几个方面兼而有之。通过对这些教材的比较，教师能够更加快速、更加准确地理解教材。

二、找准学科核心概念，整合单元

核心概念是指位于学科概念体系中心点的关键性概念，具有强大的生产力，能够统摄一般概念，揭示学科知识的本质、学科知识之间的联系，组织整合学科自身内容。这些核心概念往往由若干个重要概念构成，在内容上具有丰富性，在与其他概念的联系上具有广泛性，并且表现方式更具多样性[②]，具有广阔的解释空间，能够以其为核心形成一个具有层次性的结构体系。以核心概念为统摄的具有层次性的核心主干知识是学生有效理解和掌握学科知识的关键。

因此，教师需要在分析教材和原有单元内容的基础上，甄别、确定核心概念，并将具体表示核心概念基本含义的一般概念之间的逻辑关系梳理清楚，从而更加连贯和富有关联性地掌握学习内容。在找准核心概念之后，可以分析不同教材在对于这一核心概念的素材、知识点的选择、呈现方式等方面的差异，从而深化对核心概念的相关认识。在找准、分析学科核心概念之后，便可围绕核心概念对已有的教材单元进行整合以及创造性的重组。

已有教材中的单元主要是按照客观的学科知识体系来设计的，强调学

---

① 钟启泉.读懂课堂［M］.上海：华东师范大学出版社，2015：14.
② 王嵘，章建跃，宋莉莉，等.高中数学核心概念教材编写的国际比较——以函数为例［J］.课程·教材·教法，2013，33（6）：51-56.

科知识的客观性和科学性，但是除了知识的客观逻辑性之外，还需考虑本校、本班学生对知识的理解程度。运用系统论的方法对具有内在关联性的内容进行分析，将原本教材中的教学单元调换或增删，或者按照新的逻辑重新组合为一个新单元。这种不局限于教材中固有的单元，在分析、重组之后形成的"大单元"，既能够避免课时主义的碎片化，又能够体现教师的个性化教学。

三、厘清逻辑思路，绘制图谱

在找准学科核心概念，整合单元之后，便可以围绕核心概念建立新的知识结构体系。人类学习的基本单位是知识点，因此将包括一般概念和核心概念的知识点作为知识图谱中最低级别的知识单元，在此基础上还包括节、章两种知识单元。这三种级别的知识单元之间的包含、顺序、相关关系要清晰地厘清，如同级知识单元间可能存在的横向相关关系和顺序关系，节和知识点之间、章和节之间可能存在的纵向包含关系等，将纵向发展主线以及横向联系节点刻画出来，从而形成网状结构。教师可选择自上而下、由下向上的构建方式（见图5-1、图5-2）。

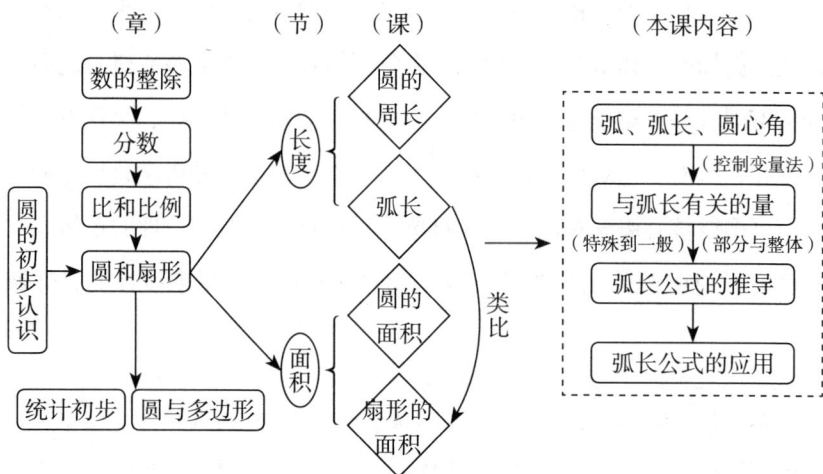

图5-1　六年级《弧长》一课的知识图谱

实际问题

数 → 量 → 常量

量 → 变量 → 两个量成正比 → 两个量成反比

量 → 代数式

方程与不等式 ←数形结合→ 函数 ←数形结合→ 正比例函数的概念、图像与性质 → 反比例函数的概念、图像与性质 → 应用

函数 → 函数的表示方法

函数的表示方法 → 解析法 / 列表法 / 图像法

正比例函数的概念、图像与性质 类比 对比 反比例函数的概念、图像与性质 → 一次函数的图像与性质

| 正比例函数的概念
解析式：$y=kx$（$k\neq0$）
定义域：一切实数 | → | 一次函数的概念
解析式：$y=kx+b$（$k\neq0$）
定义域：一切实数 | → | 函数研究的一般步骤与方法 |

正比例函数的图像：
当$k>0$时，经过一、三象限
当$k<0$时，经过二、四象限

一次函数的图像：
当$k>0$、$b>0$时，经过一、二、三象限
当$k>0$、$b<0$时，经过一、三、四象限
当$k<0$、$b>0$时，经过一、二、四象限
当$k<0$、$b<0$时，经过二、三、四象限

正比例函数的性质：
当$k>0$时，y随x增大而增大
当$k<0$时，y随x增大而减小

一次函数的性质：
当$k>0$时，y随x增大而增大
当$k<0$时，y随x增大而减小

比例函数k、b的几何意义

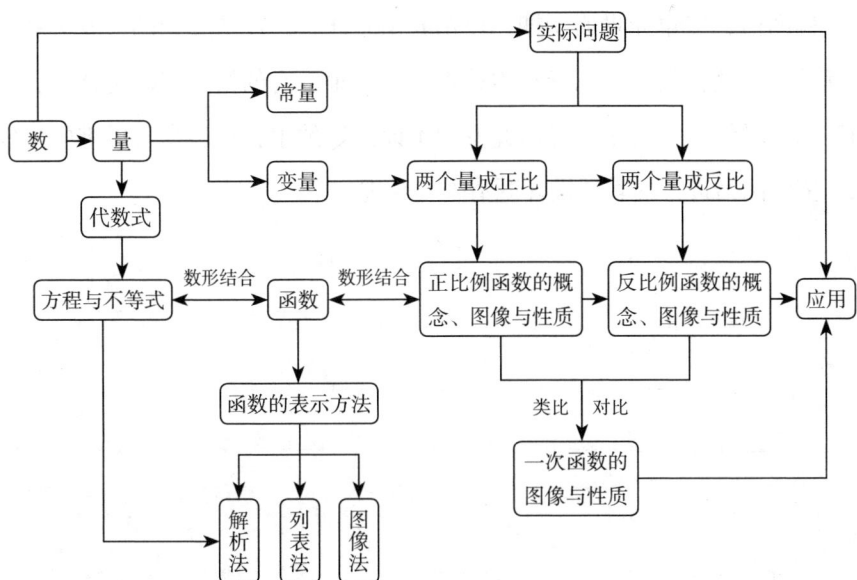

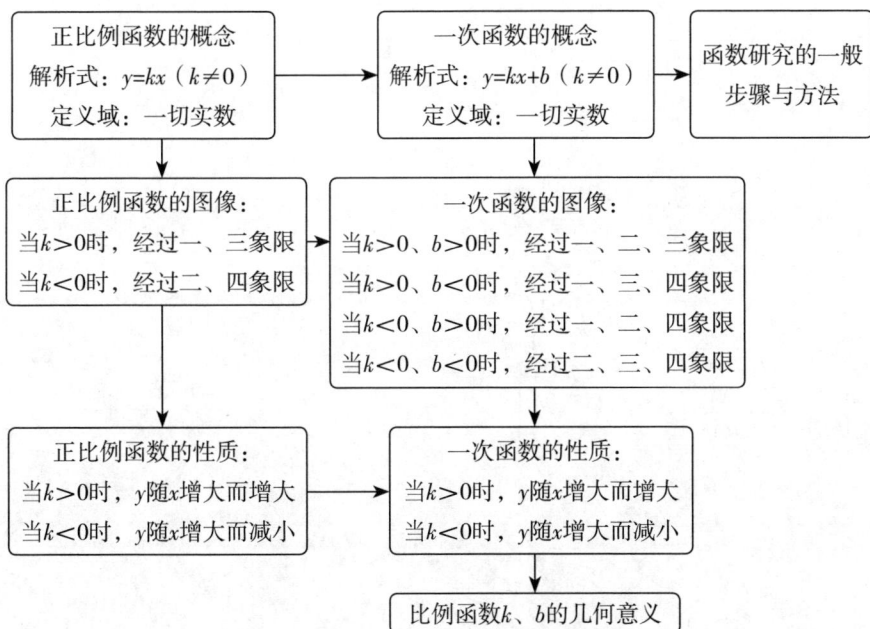

图5-2 《一次函数初探》一课的知识图谱

　　教师精心地刻画出每个教学单元以及单元下的每节课教学内容的核心与结构图谱，以单元贯通学期，以单元串联课堂，厘清知识的来龙去脉与相互关系，这样便可以明晰在本课教学前学生已有的知识基础是什么，新旧知识的联结点在哪里，并由此发现本课知识的生长点和高阶思维的生发点。依此图谱进行的教学设计既清晰又合理。

第二节　双向细目表、测评表的制定

除了明晰"教什么"之外，"教（学）到什么程度""学生已经学到了什么程度"同样是教师在备课时需要考虑的内容。"教（学）到什么程度"通常是教学目标的内容，是由教师制定的对学生学习结果的预设。教学目标定位是否恰当、适切，会影响到课堂教学过程、方法以及活动的方式。因此，教师要在进行教育教学和开展教学活动之前预设好学生各方面的变化。教师可以利用学习内容与目标的双向细目表精准地制定出每节课相应内容应达到的目标层次。"学生已经学到了什么程度"是指对学情的分析。在教学开始之前，教师要对学生的初始能力水平有精准的把握和了解，整班学生、某类学生、某个学生的能力水平如何，是进行教学设计时最直接的学情依据，要准确把握才能真正做到以学定教，从而促进每个学生的发展。教师可以利用基于座位表的个别化的精准帮助与过程测评表准确地研判学生学习困难和需要帮助的时机，明确"领悟"和"探究性理解"的内容目标与帮助点。

"双向细目表"一般包括两个维度：内容维度和目标维度。其中，内容维度规定教学可能要涉及的学科知识与能力，要求教师对学科知识和能力有整体性的把握和分割；目标维度用于刻画知识或能力的不同掌握水平，要求教师依据学科知识内容，确定学习内容对应的达成程度。考虑到学习内容，目标维度既包括知识目标的达成，也包括能力分层，按照青浦实验的研究结果，可将其分为记性性理解、说明性理解、探究性理解三个层次，其中每个层次又包含两个水平，即按照顺序依次为识记、了解、领会、应用、发现、创造六个水平。基于座位表的个别化的精准帮助与过程测评表结合不同层次的学生可能掌握的水平和存在的困难将学情细化，并结合教学班级的学生座次表加以标示，从而可以在教学中有针对性地对个别学生进行精准化的帮助与激励。

一、教学知识序列及学情认知序列分析

序列即把事物按照一定的逻辑顺序加以排列。知识之间有着深浅层次性和时间序列性，如果前面知识出现断裂，后面的知识就不能发生。因此，厘清知识序列及层次要求，对于教师恰当、顺利地传授知识，实现教学目标有着十分重要的意义。目前教材中的知识大多是按照层次有序排列的，被进行了序列化安排，但是这种序列是隐性的，需要教师仔细分析将其显性化。经过单元整合后的知识需要按照新的逻辑设计、构建知识序列，这既有利于知识的提供，也有利于知识的传递。例如，核心知识一般处于知识序列的前端或者发生发展过程中的拐点和节点。如果教师对学科的知识序列分析不清晰容易出现对某些知识传授要求过高或过低、抓错了核心知识点、传授知识不全面等现象[①]。教师要了解并把握学科的知识序列，按照知识的序列来进行教学设计，在教学中也要按照知识序列由易到难、由简到繁进行教学。

对于教学知识的序列，由于分析的角度不同可以有不一样的认识。

---

① 阎志强.五年制小学数学第五、六册知识点序列与层次的分析［J］.宁夏教育，1995（5）：29-30.

例如，有学者认为知识是一个有机的、多层次构成（包括由原理、概念和命题构成的显性层，由思维方式、方法和过程构成的准显性层，由态度、情感和价值观构成的隐性层）。此外，加涅对知识结构的分析对我们有很大的启发。在加涅看来，知识分为陈述性知识和程序性知识，程序性知识又称为智慧技能。陈述性知识由简单到复杂分为名称、事实、有组织的知识。智慧技能按照复杂程度可分为辨别、概念、规则与原理、问题解决，在问题解决中需要获得规则；为了获得这些规则，学生需要获得一些具体概念；为了学习这些概念，学生需要有辨别和区分的能力。

除了要关注知识的序列之外，备课时还需要关注学生的认知序列，学生在学习知识的时候是有一定序列的，但大多是隐晦不显的，所以需要教师仔细分析。人的学习是从确定性知识到不确定性知识的认知过程，首先学习的是"是什么"类型的"概念性知识"，其次学习的是"怎么用"的功能性知识，再次学习的是"为什么"的系统性知识，最后学习的是"还能怎样"的设计性知识[①]。精加工理论主张先向学生呈现概念、程序和原理等"概览"性知识，然后呈现扩展或精加工的内容[②]，最后描绘最近的观念和之前呈现的观念之间的关系。

以上这些是从学习内容角度来考虑的。从学习目标的角度来说，也要考虑目标的序列化，这通常与学习内容的序列化密切相关，也可以说学习内容的教授顺序应该基于目标之间的关系。由于一些目标是另一些目标的先决条件，所以在备课中要先保证低水平的目标先被教授，从而使先前的学习能够支持新的学习。无关的目标可以去掉或者在其他时间教授。顺序

---

① 李宇红.职业教育分级制研究职业教育分级教学体系构建研究［M］.北京：中国财富出版社，2015：8.

② ［美］R·M·加涅，W·W·韦杰，K·C·戈勒斯，等.教学设计原理［M］.5版.王小明，庞维国，陈保华，等译.上海：华东师范大学出版社，2018：167.

须完整。对于一节课来说，往往会存在这节课的终点目标，"学习者必须知道什么才能学习新的知识？缺乏这种技能，学习就无法进行"这类问题有助于帮助教师梳理要教授的知识和技能之间的顺序关系。对于不同的知识和类型，教师要考虑的顺序因素和排序原则也不尽相同。例如，智慧技能的排序要考虑新技能的学习活动的呈现在原先掌握的下位技能之后；新的认知策略的学习情境要涉及之前获得的智慧技能，与新学习相关的信息要事先习得；言语信息的排序要考虑呈现顺序，要从简单到复杂，并有情境引入；动作技能的学习对重要的部分技能要给予充分的练习；态度的习得要将选择的言语信息事先习得或在教学中呈现。

教师要将抽象的目标内容转化为具体的学习目标的程度和水平，并将学习目标中涉及的知识内容按照相关序列详加分析，并用准确、精练的语言对其进行表述，从而在教学时真正能够做到心中有数。例如，"哪些是最重要的学习内容？这些学习内容的最佳学习路径是什么？哪些内容要达到什么样的目标？这些目标需要先达到？"等等，这使得评价不仅从目标和内容出发，还清晰地界定出评价的表现标准，并将其进一步细化、具体化（见表5-1）。

表5-1　沪教版六年级《扇形面积》一课学习内容与学习目标双向细目表

内容/目标		记忆	说明性理解	探究性理解
扇形的概念		√		
扇形面积公式推导	① 扇形面积是圆面积的一部分	√		
	② 扇形面积转化为平行四边形面积	√		
扇形面积公式应用	③ $S=\frac{n}{360}\pi r^2$			√
	④ $S=\frac{1}{2}lr^2$			√
	⑤ $S=\frac{n}{360}\pi r^2$ 与 $S=\frac{1}{2}lr^2$ 之间的转化		√	

二、个别化精准帮助与过程测评

通过对学习内容的分析及学习目标的分析，教师能够知道教学要以怎样的顺序和内容来组织，但这样的分析还比较整体和笼统。学习者在能力、背景、经验方面存在很大的差异，需要教师在教学前进行综合的考量和个人化的考虑，即要进行学情分析。学情分析是对学生学习情况的分析，侧重于与教学相关的学生因素情况分析①。学情分析主要涉及两个部分：一部分是对已习得知识达到的经验状态的分析，即学习的基础分析；另一部分是对即将学习的知识的经验状态的分析，即对学习新知识还存在的困难与障碍的分析。通过学情分析，教师制定的教学设计才能更具针对性和有效性，并且可以根据预期有效地调整教学策略。

但在现实的教育教学实践中，学情分析多出现过于空泛、流于表面、过于重视班级群体特征、将学情分析混同于对学生全方位的了解等的情况，这种学情分析并不能起到相应的教学作用，反而会影响教师的教学效果。事实上，结合具体内容、具体教学对象、具体教学过程的学情分析才有意义，仅仅从整体的学习内容和目标上对整体的学生进行分析还不够，从每节课的具体内容与目标、具体模块的掌握程度上对每一位学生进行细致的分析，才能发现学生的需求和不足，从而进行有针对性的施教和个别化的辅导。

学情分析的方式多种多样，教师凭经验分析是最常用的方法。教师用经验预估能够得到学生的"大致"情况，但科学性有待考证，问卷调查能够对学生掌握的知识点、思维发展水平进行定量分析，而访谈法、对学生作品的分析等质性方法能够帮助教师更全面地了解学习动机、学习态度、价值观念、心理特点等其他因素。此外，教师还可以按照双向细目表中列

---

① 时晓玲.学情分析的误区及其对策研究［J］.教师教育研究，2013，25（2）：67–71.

出的详细的学习目标对班级的每一个学生进行目标达成的预期分析，分析结果可以分为完全达成、基本达成、有困难、无法达成四种情况，并利用不同形状的图案在学生的座次表上标示出来（见表5-2）。教师只有如此具体而细致地分析学情，才能发现学生在哪一内容和目标上难以理解、接受，找到真正适合班集体中学生学习的重点和难点，才能有针对性地组织教学内容，从而达成重点、突破难点，使学生在原有基础上真正获得提升。将学生可能存在的困难和座次表结合起来，能够更加可视及直观，在课堂教学中，教师能够更有针对性地关注学生，并根据学生的情况及时调整教学方法和策略。

表5-2　个别化的测评与精准指导与帮助表

			讲台				
第四组		第三组		第二组		第一组	
LSY ★	WWL (1、2、5)	JYL ★	JYQ (1、2、5)	MZL (1、2)⃝ /5△	CXX (1、2、5)	FW (1、2)⃝ /5△	XY 1、2、5△
GY ★	ZJQ ★	WXL ★	CLX (1、2) /5△	SJJ (1、2) /5△	CXE 3、4⃝ / 1、2、5□	ZT (1、2、5)	NCJ ★
GYC (1、2) /5△	ZSY (1、2) /5△	LWD (1、2、5)	ZXY (1、2) /5△	ZZX (1、2) /5△	GXR (1、2) /5△	LY (1、2、5)	ZHY /5△ 1、2□
BXY (1、2) /5△	LW (1、2、5)	WJH (1、2、5)	XPY ★	DL ★	HQ (1、2、5)	MYY ★	XYL (1、2、5)
FWJ (1、2、5)	WXF ★						

注："★"表示完全达成；"○"表示基本达成；"△"表示有困难；"□"表示无法达成。

第三节 课前、课中、课后学习单的设计

　　针对传统的以教师教授为主、学生接受式学习的课堂，目前学生的自主学习日益受到关注和重视。既能够引发思维，促进学生自主学习、自主发展，又能够发挥教师适当引导作用的学习单进入了人们的视野。学习单是指由教师提供给学生，能够起到导向和支架作用，用于促进学生发展的辅助工具。学习单跳出了传统教学的框架，提供了一个自主学习的契机，通过提供提示与线索来为学生提供参考性的思维框架，帮助学生形成恰当的认知结构，实现从体验到思维的跨越①，通过为学生提供方法和策略来为活动的完成搭建合适的桥梁，帮助学生自己解决问题。考虑到课堂教学包括课前、课中、课后三部分，教师可以在这三个阶段分别设计学习单，借助学习单的有效作用，发挥学生的主体地位，实现学生自主发展。

　　学习单的设计要体现出思维建模工具的特征，要从学生的立场和视角出发，根据学习的内容、学生的差异、课堂的类型来设计不同的学习单②。从学习的内容角度来说，学习单的设计要符合知识的特点设计有针对性的内

---

① 李利.旨向深度学习的翻转课堂设计［J］.现代教育技术，2017，27（4）：67–73.

② 杨爱军.小学数学以"学习单"为载体，引导学生自主、互动、整理学习实践研究
　［C］//新课堂实验项目内部交流文集.

容。从学生的差异角度来讲，学习单的设计要考虑学生的知识及能力的差异，体现学习的层次性，针对"上层"学习水平学生在学习单中设计思维能力较强的优势，尽可能让其自主拓展知识，寻求自主解决；针对"中层"学习水平的学生，学习单的设计要抓住关键，为其铺设台阶，引导其独立尝试并与同伴协作完成任务；针对"下层"学习水平的学生，学习单中的设计难度要适宜，并引导其他学生和家长进行协助。针对不同的课堂类型，学习单的内容和形式也可适当调整，如新授课要激发学生的自主性，设计探究型学习单；复习课要促进学生的反思和诊断，设计诊断型学习单；一些需要大量实验的课，则可设计呈现操作和实践步骤的活动型学习单。

一、课前预学单：预备、激活认知和尝试解决问题

奥苏贝尔曾说："影响学习最重要的因素是学生已经知道了什么，教师应根据学生的原有知识进行教学。"[①]学生的原有知识相对于即将要学习的新知就是背景知识，它既是开展新知学习的基础性条件，也是学生面对新知学习时的知识储备。课前预学单能够通过设计一系列任务和问题，指导学生做好有效的课前自主学习，激活学生的背景知识和已有经验，调用知识储备，让学生有准备地进入课堂（见图5-3）。学生可以通过课前预学单来激活已有认知，并运用已有知识自主尝试解决一些任务和问题，发现尚不能解决的新问题，从而带着困惑和疑惑进入课堂，对新知充满兴趣。

教师在课前及时回收预学单，整理、分析预学单上反映出的信息，能够明确学生已知的背景知识，及时发现学生的学习起点，明晰哪些是学生已经懂得的内容或者是学生自学、互学就懂的内容，哪些是存在误解和迷思的内容。教师可针对这些内容在课前和课上采取不同的教学方法和策

---

① ［美］马西·P·德里斯科尔.学习心理学：面向教学的取向［M］.王小明，译.上海：华东师范大学出版社，2008：104.

略，进行有针对性的教学。例如，对于学生已经懂的或自学、互学就懂的内容，组织学生进行组内交流与评价；对于容易出现问题的内容，通过集体交流和课堂展示暴露，并逐步突破，之后进行精准化指导。

课前预学单

活动一：知识梳理

> 本章学过的公式有哪些呢？请你写下来

活动二：温故知新

【弧长与周长】

圆周长是16cm，那么这个圆中135° 圆心角所对的弧长是_____cm，45° 圆心角所对的弧长与其所在圆的周长的比值是_____

【圆面积的推导】

已知圆的半径为r，根据如下图形的变化，分别写出边长、高分别表示什么？

边长=_____，高=_____由此导出圆面积公式是_____

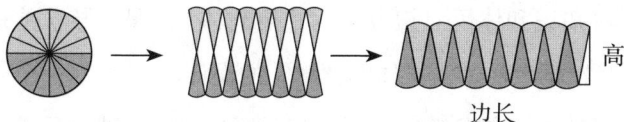

【情境问题】

结合图形思考：

图形	思考
将圆二十四等分，再把其中的六份涂色	1. $\dfrac{\text{阴影部分的弧长}}{\text{圆周长}}=\dfrac{(\quad)}{(\quad)}$ 2. $\dfrac{\text{阴影部分的圆心角}}{\text{圆周角}}=\dfrac{(\quad)}{(\quad)}$ 3. $\dfrac{\text{阴影部分的面积}}{\text{圆面积}}=\dfrac{(\quad)}{(\quad)}$ 结合你得出的结论，你有什么发现吗？ _____

图5-3 沪教版六年级《扇形面积》一课的课前预学单

课前预学单的设计要在"一图"和"二表"的基础上进行，教师要对学习内容、学习目标以及班级学生的学情有了一定的了解，然后借助课前预学单让学生进行独立的预先学习。课前预学单可采用多种形式，如以表格式形成对比、以问题形式引导学生质疑、以背景式链接知识内容、以命题式带动学生复习等，也可以直接练习的形式引入，或者以知识框架的形式归纳。根据预学的内容，预学单可以分为生活体验式预学单、知识迁移式预学单、操作感知式预学单、梳理检测式预学单等。但是具体的预学单形式还是根据本班学生的具体情况来选取合适的设计方法。

二、课中导学单：多角度理解、进阶式练习与应用

课堂教学是学生学习的主要途径，在课堂学习中学生以课中导学单作为载体参与学习和活动，进行任务探索。教师以课中导学单为指导，引导学生探索任务、探寻规律、建构知识体系。作为学生活动的整体框架和导航、学生学习知识和体悟思想方法的重要载体[①]，课中导学单是课前预学单的拓展，是以学生活动为主体的"学"的设计。

相较于预学单要激发学生兴趣，激活原有经验，课中导学单的设计要充分考虑学生的已有知识和学习情况，保证学生能够参与进来。教师不仅要充分发挥课中导学单"导"的作用，关注学生需要学习的内容和学习方式，借助导学单引导学生进入探究的学习状态；还要通过设计一系列的活动和任务实现对核心知识的审辨、多角度理解和进阶式练习与应用，从而促进学生对知识的深度理解和高阶思维的发生（见图5-4）。

课中导学单有不同的类型。按照活动目标不同，课中导学单可以分为旨在让学生理解学习内容的理解型课中导学单、旨在让学生通过系列任务

---

① 朱连云，彭尔佳.教师发展指导者课堂教学临床指导研究［M］.上海：上海教育出版社，2016：151.

达到熟练应用的实践型课中导学单和旨在引导学生整合知识达到迁移新情境问题解决的课中导学单。按照活动方式的不同，课中导学单可以分为循环型课中导学单、并列型课中导学单和递进型课中导学单。循环型课中导学单的活动方式是循环的，并列型课中导学单的活动同时推进，递进型课中导学单的任务是由简入难逐步递进的。课中导学单有多种呈现形式，可以只通过媒体（PPT、微视频等形式）呈现任务的要求，或者以纸质的形式呈现。

课中导学单

活动一：认识扇形

★ 说一说：《课前预学单》活动二表格中两个图形的阴影部分是什么图形？

★ 学一学：翻到书本第144页自主学习扇形的概念，完成填空及后面的"练一练"

由组成_____的两条_____和_____所对的_____围成的图形，叫作扇形。

★ 练一练：（口答）下列各图的阴影部分，哪些是扇形？为什么？

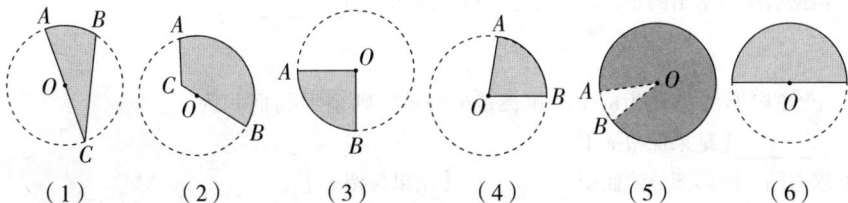

（1）　　　（2）　　　（3）　　　（4）　　　（5）　　　（6）

活动二：探究扇形面积

1.将圆二十四等分，再把其中的六份涂上红色，思考：

（1）扇形的弧长占这个圆周长的几分之几？

（2）扇形圆心角占这个圆周角的几分之几？

（3）扇形面积占整个圆的面积的几分之几？

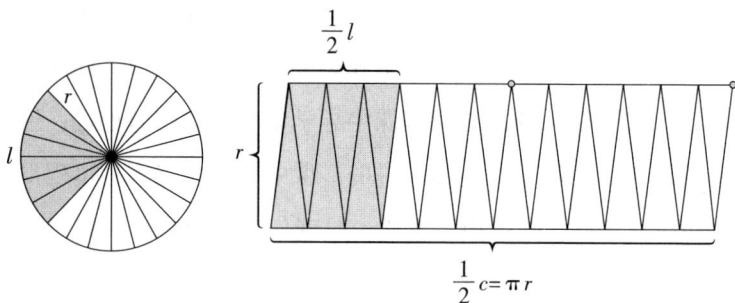

2. 基于上述的等量关系式，说一说自己的发现。扇形的面积如何来求呢？

（1）扇形的面积和哪些量有关？

（2）你能归纳出扇形面积公式吗？

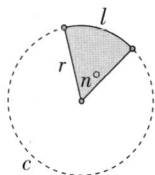

★ 试一试：已知半径为r，圆心角为$n°$ ，弧长为l，圆周长为c，请你结合课前的探究及圆面积公式导出的方法，尝试归纳扇形面积公式。

活动三：巩固提高

（一）小试身手

请你写出一种方法之后再想一想还有没有别的方法，想好思路为同伴补充哦。

1. 根据右图中给出的条件，可得这个扇形的面积为_____。

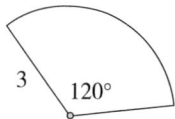

2. 已知扇形的半径为8cm，弧长是6πcm，则扇形的面积为_____【结果保留π】。

3. 求右图中阴影部分的面积_____【结果保留π】。

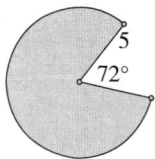

4. 已知扇形的圆心角36° ，弧长为cm，则这个扇形的面积是_____。

（二）数学与生活

1. 如右图，一把展开的扇子的圆心角是120° ，扇子的骨架长是30厘米，求这把扇子展开所占的面积。【独立思考，交流思路，不写过程】

思考：

（1）如果求该扇子的扇面纸糊部分面积，那么应如何思考？

（2）觉得还缺什么条件吗？请你添一个条件。

活动四：自主小结

1. 说一说你的收获是什么。

2. 还有什么困惑？

3. 有什么建议给同伴吗？

图5-4　沪教版六年级《扇形面积》一课的导学单

三、课后拓展单：巩固、迁移和新情境中真实问题的解决

在对新知识理解学习之后，学与教的过程还需要知识的巩固或转化、知识的提取与运用[1]。这两个环节是核心知识转化和持久保持的重要环节。因此，作为课堂教学的延伸，旨在对课堂学习进行复习、巩固和强化以及拓展和提升——在新情境解决真实问题的教学显得极为重要。课后拓展单作为重要载体能够引导学生在掌握新知识的学习之后，形成巩固和迁移核心知识的能力。

课后拓展单是课中导学单的延续，同样要紧扣课堂教学中的重点、难点来设计。教师可以通过课后拓展单对教学重难点的重现和强化，达到巩固新知、熟练掌握、夯实基础的作用；同时通过课后拓展单设置真实的任务鼓励学生进行挑战，从而实现课内外知识的联结，引导学生将学习内容向新问题和新情境迁移。因此，课后拓展单的形式既可以是多种形式的作业（如纸笔测验、故事创编、角色扮演、提高性练习等），也可是探究性的活动项目（如探究性题目、长周期的探究项目等），还可以是展示性的

---

[1] 皮连生.学与教的心理学［M］.上海：华东师范大学出版社，2009：227.

成果反馈（见图5-5）。

对于课后拓展单的设计，要具备针对性，针对课堂教学要达到的目标，针对不同层次的学生有不同的设计，针对具体的目标；要具有实效性，使学生的知识、方法和能力得到延伸，从而促进学生知识的建构与拓展；要具有开放性，要充分发挥学生的积极性，调动学生的积极思维，激发学生思维的发散性和创造性，从而真正发挥课后拓展单的作用。

课后拓展单

活动一：用心填一填（π取3.14）

1. 扇形半径 r=12cm，n=100°，则扇形的面积S=＿＿＿＿＿＿＿。

2. 已知圆的直径为10cm，圆心角为225°的扇形面积为＿＿＿＿＿＿＿＿。

3. 一扇形的半径为5cm，面积为15.7cm^2，则它的圆心角为＿＿＿＿＿＿＿。

4. 圆的直径为40cm，弧长为50cm，则扇形的面积为＿＿＿＿＿＿cm^2。

活动二：努力做一做（结果保留两位小数）

1. 求下图中阴影部分的面积

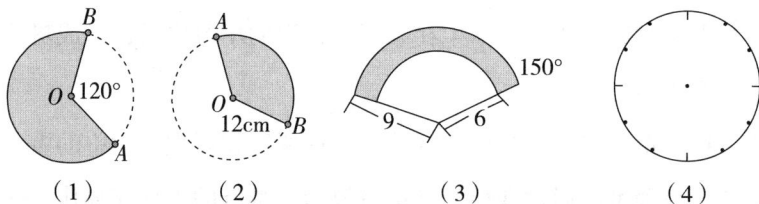

（1）　　　　（2）　　　　（3）　　　　（4）

2. 已知圆的面积为8cm，那么这个圆中圆心角为135°的扇形面积是多少？

3. 已知扇形的圆心角为150°，弧长为10cm，求扇形的面积。

4. 一个钟表的分针长5cm，它走20分钟时，分针扫过的面积是多少？

5. 分小组将学校的水泥篮球场设计成一个标准篮球场，画出边线、端线、中线、中区、三分投篮线、罚球线、限制区、合理冲撞区，并计算限制区和中圈的面积，选择红色的底漆着色。

图5-5 沪教版六年级《扇形面积》一课的拓展单

第四节　基于核心知识领会和掌握的
二次学习微视频

一、二次学习的微视频

随着信息技术的快速发展，特别是移动终端设备的大规模普及应用，微课已成为改变和促进学生有效、个性化学习的重要方式。虽然关于微课目前还没有统一的定义，但由于它具有直观、随时可得、可回放等特点，越来越受到教师和学生的青睐，成为人们学习生活中不可缺乏的一种方式与途径。导向深度学习的教学充分利用这一新型教学资源，着力开发基于学生核心知识领会和掌握的二次学习微视频。这里的二次学习微视频，是指教师在课堂教学结束后，经过整理针对一个课时或单元重点、难点和学生的易错点，采用录屏的方式制作时长为5～8分钟的核心知识讲解和练习的视频。它可作为教学补救和复习的方式推送给学生，也可作为教学资源供同事和下届学生使用。它的本质是微课，"二次"有两层含义：一是指教师在课堂教学后对原教学设计、课堂生成资源结合课后反思的二次开发；二是指学生在课堂学习之后的再次学习和深度学习。

二、二次学习微视频的设计与制作

二次学习微视频的设计与实施主体是一线教师。在实践中，我们经过不断摸索、尝试，最终确定了二次学习微视频的设计与实施的八环节四内容基本流程①。（见图5-6）

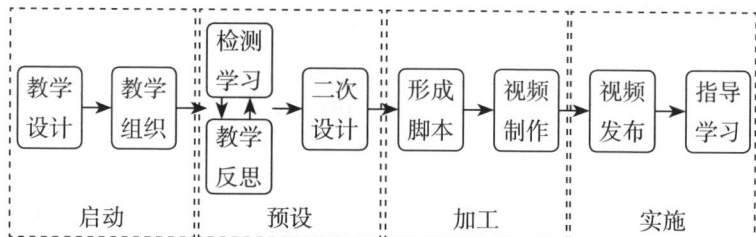

图5-6　二次学习微视频的设计与实施流程图

启动：课前，教师根据教学内容进行教学设计，根据教学设计有序地组织课堂教学，这是微视频开发的基础。

预设：课后，教师通过搜集检测学生学习效果的实证数据（包括课堂生成资源、学生访谈等），进行教学反思，在此基础上构思二次学习微视频的设计，这是关键环节。

加工：根据二次设计的要求，形成二次学习微视频制作脚本或PPT演示文稿，选择合适的信息技术工具，精心制作二次学习微视频，这是微视频应用的保障。

实施：及时发布制作好的二次学习微视频，指导学生自主学习，弥补课堂学习的不足和缺憾，这是开发微视频的目的。

（一）二次学习微视频的制作方式

二次学习微视频是微课的一种形式。目前，制作微课的方式可以说是

---

① 周世杰.二次学习微视频设计与实践的研究报告［C］//新课堂实验项目内部交流文集.

五花八门。在实践中，我们通过大量的浏览对比，分析了当下制作微课的三种典型方式：

方式一：PPT录屏式。PPT录屏式是目前国内最常用的微课制作方式，多为以学科知识点讲授为主的讲授型微课制作方式，由PPT结合录屏软件录制而成。录制软件众多，目前大部分培训教师都推荐Camtasia Studio（简称CS）录屏软件。

方式二：可汗模式。可汗学院的微课制作大都是采用手写板来完成的。这类微课制作方式需要为计算机配备一个手写板，与计算机连接后利用录屏软件进行录制，制作者在手写板上展开教学课程，主要针对理科典型例题的讲解与推理演算教学内容。

方式三：动画制作或视频拍摄式。这类微课的制作主要由一些专业团队制作，它综合运用了各类视频制作处理软件，如Flash、After Effects以及专业视频编辑软件Premiere等。

综合分析以上三类微课制作方式，"方式一"相对最为简单、易操作，其缺点是形式单一，较难引起学生兴趣；"方式二"录制过程迅速、便捷，但也存在形式单一的问题，同时还需要为计算机另外配置手写板；"方式三"利用计算机软件的强大功能，画面生动，易于激发学生兴趣，但该方式所花费的时间成本和人力资源成本很高，对制作者信息技术应用能力要求较高。

为此，我们对于二次学习微视频的制作，提出了"CS录屏软件+可触摸大屏"的制作策略。

CS录屏软件：该软件录屏功能强大，可以录制计算机显示器上出现的各类演示、操作内容；配合话筒的使用，可以录进教师讲解的音频；应用摄像头设备，还可以选择有无头像；录完后可以自动生成微课。该软件操作简便，本身就有相对强大的后期编辑功能，教师无须再用其他软件对视频进行编辑处理。

可触摸大屏：前几年还很"高、大、上"的设备，近年可谓"飞入寻常百姓家"，特别是在录制PPT的过程中，因其可以触摸，再结合PPT演示时的"指针选项"的"笔"功能，不仅可以进行适时的画线评点，引导观看者的目光，对于理科需要步骤分析的题目讲解，还可以达到和专业录制设备（如手写板）同样的效果。

（二）二次学习微视频的制作过程

二次学习微视频的制作过程，利用上述方式大致需要经历以下步骤。

1. 录前准备

在二次学习微视频的具体制作中，我们要做好一些准备工作。首先，在可触摸大屏（如西沃的可触摸电脑）上安装好CS录屏软件，并进行调试；其次，准备好二次学习微视频设计PPT；最后，撰写或准备好简易演讲稿。做好上述这些准备，就可以进入微视频录制工作了。

2. 录制过程

录制过程大致有以下步骤：

（1）打开CS录屏软件，单击软件左上方的"录制屏幕"按钮，弹出录制屏幕主菜单，先将其拖至屏幕的合适位置备用；然后根据事先设计的二次学习微视频设计PPT进行录制区域的设置，并对摄像机、音频设备等进行测试（见图5-7）。

图5-7　CS软件录制屏幕主菜单

（2）打开事先准备好的二次学习微视频教学设计PPT，设置为放映状态，并设置好"指针选项"为"笔触"功能。利用这一功能，我们可以将可触摸大屏当作录制微视频中的手写板使用。做好了这些后，我们按下主菜单中的录制（rec）按钮，软件提示三秒钟后开始录制。

（3）按设计进行讲解。在讲解的过程中，我们可以很方便地进行批注提示以及例题演算。然后使用键盘上的方向键进行PPT的翻页，同时切记在讲解的过程中做到语速合理、语音清晰。

（4）当讲解完成后，按键盘上的F10键可停止录制，这时屏幕弹出视频预览窗口，可以对刚才录制的微视频进行预览。预览后进行视频的保存，建议保存为".avi"的格式，这种视频文件更通用。关闭CS录屏软件，可在相应位置查看我们刚才保存的文件。

（5）编辑处理。教师不仅可以利用CS录屏软件本身自带的编辑功能进行相应的处理，如调节视频分辨率、音频、变焦、字幕等，还可以使用"剪切"功能，对原始录制过程中的多余部分进行剪切删除。如果需要非常复杂的编辑工作，也可以借用其他专业视频处理软件进行编辑处理。

一般来说，通过以上五个步骤，就可以根据前面的设计，录制完成一个二次学习微视频。采用这样的方式录制二次学习微视频，操作简单，如笔者所录制的时长在5～8分钟的二次学习微视频，从准备录制、录制到后期编辑整理，一般而言30分钟左右即可完成，并且用这样的方式，大部分一线教师经过简单的培训都能很快上手。

3. 录制过程中的注意事项

在采用上述方式制作二次学习微视频的过程中，根据我们的实践，需要注意以下几点：

（1）在录制的过程中，鼠标不要在计算机屏幕上乱晃，这样会分散观看者的注意力。

（2）二次学习微视频设计PPT中的字体和背景的颜色要搭配好，建议采用反差比较大的色系。

（3）录制环境要安静，尽量避免噪声。

（4）讲解时语速要合理，语音要清晰，用词要精当。

（5）如果在录制过程中出现了讲解错误，可以简单停顿，并做好标记，在后期编辑处理时对这部分内容进行删减，这样可以减少录制时间。

三、二次学习微视频的分类及制作示例

（一）针对课时教学类

以高中信息科技教学内容《压缩与压缩技术》为例，我们是这样来设计二次学习微视频的。

（1）教学设计简述。课前教师在认真分析、研究教学内容的基础上，进行了教学设计（见表5-3）。

表5-3 《压缩与压缩技术》教学设计

教学过程		教师活动	学生活动	教学策略
问题设疑	声音的容量计算	李萍同学有一个容量为500MB的MP3，请问按我们上节课所学的知识，如果存放原始录制的歌曲？最多可以放几首？（假设录制时的采样频率为44100Hz，量化位数为16位立体声效果）辅助问题：一般的歌曲多长时间？（按4分钟）	回忆上节课在音乐数字化中所学习的PCM编码储存容量计算公式：WAV文件容量=（采样频率×量化位数×声道）×时间/8并计算出该问题（44100×16×2×4×60）/8=40.8MB得出结论，只能存放12首歌曲	复习旧知，形成认知冲突，产生问题
课题导入		1. 如何将一张A4的纸张放进这样的一个盒子中？（教师展示一张A4的纸和一个小得多的盒子）2. 如何将一块海绵放到这个小瓶之中？（教师展示一块海绵和一个小瓶）	思考，请一位学生上台来演示操作过程	类比出"压缩"的概念，揭示主题

教学过程		教师活动	学生活动	教学策略
知识新授	引入软件	设问：关于信息数据的压缩，你了解哪些？ 介绍压缩比： 压缩前大小/压缩后大小	个别学生回答，引出压缩软件。 （了解压缩比）	引出压缩软件——Winrar
	任务一	组织学生完成任务一	打开素材一文件夹，将里面的"文字素材1.doc"和"文字素材2.doc"分别用压缩软件Winrar软件进行压缩，并计算压缩比。 完成学习单中的"表格一"的填写	在完成任务的基础上理解压缩的实质之一：因为存在冗余数据
	分析一	设问：文字素材1和文字素材2原始大小基本相同，为何压缩比不同？ （提示：可以打开原文件进行分析）	分别打开两个文件，根据文件内容分析其压缩比不同的原因。 素材1：文章 素材2：同一个文字	
	任务二	将"声音素材.wav"按刚才的方式进行压缩，查看文件大小，同时计算500MB的MP3能够存放几首这样的歌曲	了解使用Winrar这样的压缩软件由于压缩比较小，其实很难满足我们对于图像、声音、视频等大文件的压缩需求	产生新的认知冲突
	任务三	指导学生参照"学习单"中的相关内容，尝试将"声音素材.wav"转变为"声音素材.mp3"文件	通过学习单相关提示，将WAV文件转换为MP3文件。同时比较转换前后的文件大小	对新的冲突通过自己动手尝试解决
	分析二	有损压缩；无损压缩	尝试后的知识学习	对前面的实践尝试进行理论分析
类比拓展		图像的有损压缩常见格式；声音的有损压缩常见格式；视频的有损压缩常见格式	了解文字、程序等不能使用有损压缩。 了解JPEG、MP3、MPEG等典型的有损压缩格式	拓展学习

续 表

教学过程	教师活动	学生活动	教学策略
知识检测	对学习单中的个别检测题目指导	完成学习单中的知识检测题目	巩固新知
结束新课	总结本课 设问：课堂开始时的"折纸"和"挤压海绵"，按照我们这节课所学习的内容，属于压缩吗？ 属于什么压缩？	可能回答： 折纸不是压缩； 挤海绵类似于无损压缩	与导入相呼应，并暗示主旨：对大量的信息一定要学会分析

（2）教学反思要点。按照教学设计，在课堂教学结束后，根据师生课堂互动情况，结合对课堂知识检测的分析，教师对本节课进行了反思，反思下来主要有两点需要改进：一是学生对压缩的原理"数据冗余度"理解不到位；二是针对图像、声音、视频的有损压缩格式中，由于知识点比较分散，学生对于这类问题的综合应用存在欠缺。针对这些反思，我们在"二次学习微视频"的脚本设计中进行了适当的考虑。

（3）二次学习微视频设计纲要。结合课堂教学现状以及教学后的反思，我们针对这一个课时的内容进行了二次学习微视频的设计，设计脚本以PPT演示文稿的形式呈现，其纲要如图5-8所示。

图5-8 《压缩与压缩技术》二次学习微视频设计纲要

在这个二次学习微视频的设计中，首先，教师展示了两个文档文件（一个是常规文章，另一个是通篇都由一个字组成的文档）。其次，教师给学生观看了两个对照明显的图像文件（一幅蓝天背景图片，背景单一；一幅姹紫嫣红的花卉图片，背景复杂），从而直观地向学生描述了数据冗余度的差别。而理解数据冗余度，正是理解压缩这一概念的本质需要。再次，教师对压缩的分类、有损压缩的常见格式进行了汇总解释。最后，教师结合一道压缩技术应用的典型例题进行了分析。这样的设计，既兼顾了该部分知识的完整性，有利于学生形成知识整体框架，又针对教学反思中所涉及的内容进行了相对深入的研究。

（4）二次学习微视频呈现。根据前面的二次设计，我们使用CS录屏软件，借助可触摸大屏，同时利用Power Point 2010播放时"指针选项"中的"笔"功能，在教师讲解的同时进行画线、演示等操作录制了时长为8分钟的二次学习微视频。表5-4是该视频的内容交互列表。

表5-4　《压缩与压缩技术》二次学习微视频交互列表

序号	时间	内容	备注
1	00：00：21	压缩概念再现	点明视频主题
2	00：02：32	两个文档、两幅图片，对比分析数据冗余度	难点解疑
3	00：03：15	压缩的分类	知识框架罗列
4	00：04：50	声音、图像、视频三种典型有损压缩格式的对比分析	知识点汇总、对比
5	00：06：10	压缩技术典型应用例题分析	综合应用
6	00：07：10	知识小结	总结
7	00：07：25	制作及版权信息	

根据以上环节，在制作好针对《压缩与压缩技术》课时的二次学习微视频后，我们在本课时结束后的周六通过微信公众号对该视频进行了发布，提醒学生及时再次学习。

（二）针对单元教学类

在学科教学中，往往一个单元的知识需要多个课时来完成教学。对学生来说，这种分散的学习不利于形成对该单元知识的整体把握。针对这种情况，我们在二次学习微视频的研究中，根据单元知识的特点，还制作了单元教学类二次学习微视频。下面以高中信息科技教学内容中的《网络基础》这部分教学内容为例，简要介绍此类二次学习微视频的设计过程。

（1）厘清内容主干逻辑结构。在二次学习微视频设计之前，我们先用知识图谱的形式厘清知识主干逻辑结构。关于《网络基础》部分的知识图谱如图5-9所示。

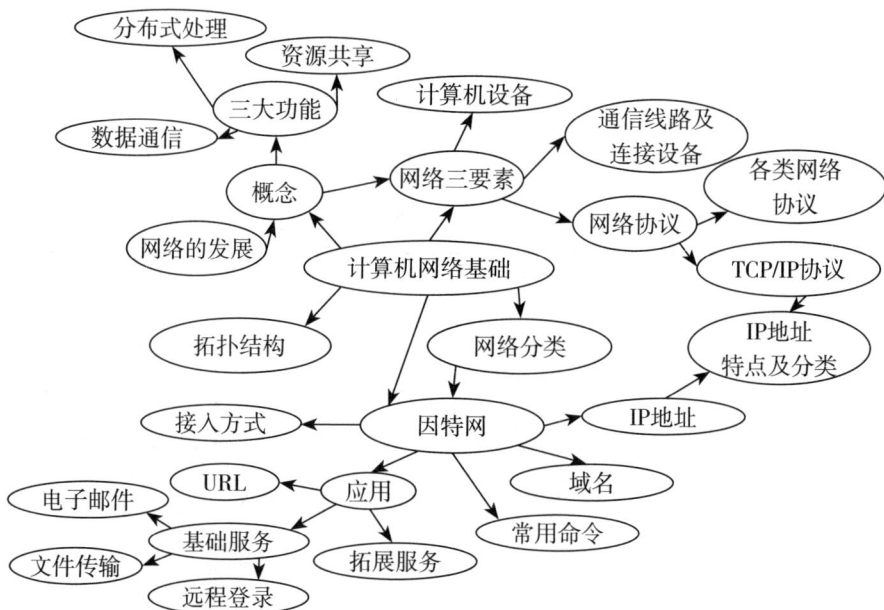

图5-9 《网络基础》知识图谱

通过对该单元知识图谱的梳理，我们明确了各知识点之间的关系和相互联系，这对于学生深入理解本单元知识很有帮助。

（2）选择性地进行二次学习微视频设计。由图5-9可知，该单元知识点分散，围绕计算机网络基础，有20多个小的知识点需要学生进行不同程度的学习。在设计该部分二次学习微视频时，我们根据知识点的重要及难易程度，进行了相应的取舍。我们主要选取了"概念功能""网络分类""网络协议""IP地址""URL""接入方式"等知识点，这也是学生在学习过程中容易产生认知偏移的知识点，然后设计好二次学习微视频设计纲要（图5-10）。

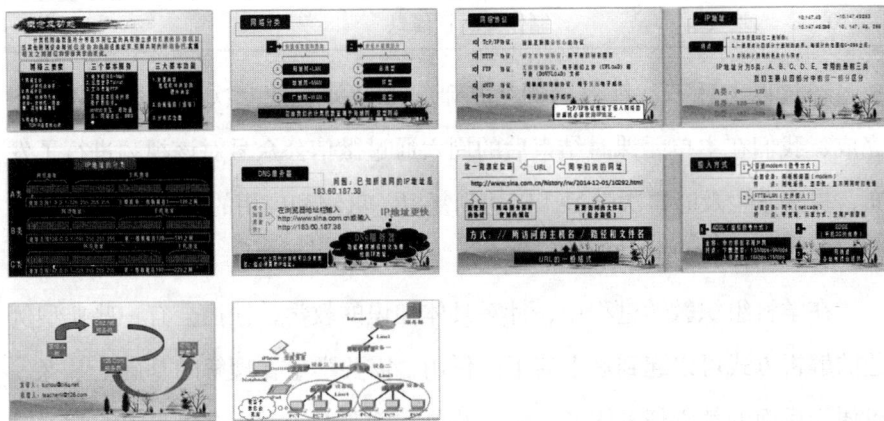

图5-10 《网络基础》二次学习微视频设计纲要

（3）二次学习微视频呈现。根据上面的设计，应用信息技术我们制作了《网络基础》章节的二次学习微视频，表5-5是该视频的内容交互列表。

表5-5 《网络基础》二次学习微视频交互列表

序号	时间	内容	备注
1	01：40	网络概念及功能	点明主题、重点解析
2	02：24	计算机网络分类	重点解析
3	03：32	网络协议	重点解析
4	05：25	IP地址特点及分类	难点释疑

序号	时间	内容	备注
5	06：13	DNS服务器及IP地址、域名的关系	易错点分析
6	07：16	URL格式介绍	教学弥补
7	08：48	网络接入方式	重点解析
8	10：03	电子邮件工作原理	难点释疑
9	12：13	综合应用例题分析	综合应用
10	12：20	制作及版权信息	

经过以上环节，针对《网络基础》章节知识的二次学习微视频制作完成，我们在本单元课时结束后的周六通过微信公众号对该视频进行了发布，提醒学生及时再次学习，以达到复习、巩固和应用的学习目的。

（三）针对典型例题类

在学科组织教学过程中，针对具体知识的教学，往往会有一些典型例题的解析方式可以起到承上启下的作用，需要学生在理解的基础上掌握，以便为后面的教学任务服务。但这些典型例题对于学生个体来说，学习时长等有所不同，教师如果在课堂教学中反复讲解，一方面会浪费时间，打击已经掌握的学生的学习积极性；另一方面如果不加以反复学习，部分学生又会因为没有掌握而影响后面知识内容的学习。针对这类典型例题，我们设计了二次学习微视频，试图弥补课堂教学中的不足。

例如，针对高中信息科技教学中的"算法和程序设计"部分，其中"使用列表法分析简单循环结构"就属于这样的问题，对于这类二次学习微视频的设计，我们经历了下述过程：

（1）分析问题。在《算法和程序设计》章节，算法的基本结构共有三种：顺序结构、分支结构和循环结构。其中，前两种结构相对简单，学生易于掌握，而对于第三种循环结构，其用流程图的形式描述时相对复杂，学生理解起来往往有一定难度。在日常教学中，教师往往先从简单循环结构开始，教会学生采用列表法分析，逐步厘清循环结构的运行原理，这对于学生理解循环结构以及后期根据流程图编写代码都很有帮助。使用列表法分析简单循环结构这一知识点的掌握与否，对学生学习该章节后面的内容，非常关键。

但传统的教学实践很不理想，学生接受程度不一，这给传统班级授课带来了很大的挑战。针对这种情况，我们打算将该内容的学习制作成二次学习微视频，以帮助学生学习理解。

（2）设计脚本。精选题目，前后总结、提示性语言是该微视频脚本的关键。基于这种认识，我们设计了以下二次学习微视频脚本（见表5-6）。

表5–6 《列表法分析简单循环结构》二次学习微视频脚本（简稿）

题目	列表法分析简单循环结构	
基本信息	沪教版高一《信息科技》算法部分	
环节	画面场景	配音或字幕
引入	显示标题以及列表法分析在分析循环结构时的适用范围	标题：列表法分析简单循环结构 标题第2页文字：在分析循环结构的流程图时，对于一些循环次数较少的（10次以内）循环结构，我们常用列表法来跟踪变量值的变化，对该流程图进行分析
例题讲解	近镜头拍摄，不露出书写者的相貌，要求光线合适	1. 主讲者以一个具体的实例，分步骤、慢动作在纸上用列表法展示解决该实例的过程、要求；语言精练、准确。 2. 分三步，配字幕。 第一步：根据变量画表格。 第二步：根据流程图记录变量的值。 第三步：根据要求写结果

续 表

环节	画面场景	配音或字幕
梳理总结	用PPT制作动画，主要添加右边三步文字。 三步文字采用动画逐渐进入的方式	第一步：观察流程图中所有涉及的变量，并根据这些变量画简单的表格，同时将这些变量的初始值写在表格的第一行对应位置。 第二步：根据流程图走向，观察变量的值。从表格的第二行开始的每一行表示依次循环，记录下在该次循环中各个变量值的变化，没有变化的变量不做记录。 第三步：根据最后一次循环后变量的值以及流程图中循环结束后的具体操作，写出运算结果
片尾	制作者及版权信息	

在以上脚本设计中，既有视频画面场景的描述，也有主讲者配音、动作或字幕的提示，这为后期的视频制作提供了很好的参考。

（3）二次学习微视频呈现。根据以上分析和脚本设计，我们应用信息技术制作了《列表法分析简单循环结构》的二次学习微视频，视频的内容交互列表见表5-7。

表5-7 《列表法分析简单循环结构》二次学习微视频交互列表

序号	时间	内容	备注
1	00：03	视频标题信息	点明主题
2	00：17	列表法分析循环结构的使用范围	使用界定
3	03：17	以一个循环结构流程图为例，教师边讲解、边演示，并用笔触功能及时记录解析要点	例题分析
4	03：58	总结解析要点	归纳总结
5	04：04	制作版权信息	

对于制作好的《列表法分析简单循环结构》二次学习微视频，我们除了通过微信公众号发布之外，还将其推送到每个计算机教室学生机终端，以方便学生在学习过程中随时学习。

四、二次学习微视频的使用

（一）及时发布二次学习微视频，引导学生二次学习

采用微信公众号的方式发布二次学习微视频，不需要资源网站的建设，且具有操作简便、受众针对性强等特点，对于发布二次学习微视频有很好的帮助。针对以上课时教学类、单元教学类以及典型例题类二次学习微视频，我们采用了不同发布时机（见表5-8）。

表5-8　三类二次学习微视频发布时间

序号	类别	发布时间
1	课时教学类	课时结束后的休息日
2	单元教学类	单元内容讲解结束后的休息日
3	典型例题类	第二个课时上课前

在推送二次学习微视频时，我们除了在微信公众号中编辑插入视频外，还针对该视频内容，编辑相对应知识点概要的文本信息，以方便学生在观看视频后对照学习。

设计、制作二次学习微视频，是一种资源的积累，但若不加以应用，则起不到帮助学生学习的作用。在实践中，我们关于二次学习微视频的应用，主要体现在两个方面：一方面，通过微信公众号的发布，直接推送到学生的智能手机上；另一方面，在上复习课阶段，由学生在机房根据自身情况，自由选择观看。其中，关于通过微信公众号的推送方面，要讲究两个"时"：一是"及时"，主要指课堂教学之后的及时推送，以符合艾宾浩斯所提出的"遗忘曲线"问题；二是"适时"，教师要根据自己任教班级的实际情况，有针对性地选择合适的时机推送相应的内容。

（二）在引导学生分析解决问题过程中发展高阶思维

二次学习微视频要注重学生探究性领会，发展其高级思维。例如，以

《寻找"水仙花数"》一课为例，二次学习微视频设计了一个用问题做媒介的，包含"问题初探""二次探究""深入探究""组织讨论"4个环节的教学方案（见表5-9）。

表5-9 《寻找"水仙花数"》的教学环节

教学环节	教师活动	学生活动
问题初探	引导学生思考：258、519、371，哪些属于"水仙花数"？	计算，个人思考、描述自己判断的过程
二次探究	给出32个数据，启发学生思考：设计一个方法，能在最短时间内找出"水仙花数"	分析可能出现的两种方式：分布式（全班学生分任务完成）、枚举式（学生一一计算）
深入探究	要求学生尝试解决：找出100～999之间的所有"水仙花数"	运用"枚举算法"原理，设计问题解决方案；完善流程图及程序代码
组织讨论	重现32个数据（要求有规律），组织学生讨论：能不能分析出哪些数不用前面的计算机程序就可以知道不是"水仙花数"？	在教师提示下思考：9^3=729、8^3=512、7^3=343……探索算法优化

该二次学习微视频的内容交互列表见表5-10。

表5-10 《寻找"水仙花数"》在线二次学习微视频交互列表

序号	时间线	主要内容	设计意图
1	00：04	视频标题	点明视频主题
2	01：14	重申"水仙花数"概念，举例"进位计数制"按位权展开	难点解疑
3	02：41	课堂内容梳理总结	巩固补偿
4	04：27	自然语言和程序设计代码的对比分析	帮助理解
5	06：04	引入新的解决方案，实践思考	算法多样性理解
6	07：50	引导学生尝试修改课堂上编写的程序代码，以简化算法执行的次数	算法优化探究
7	07：52	制作及版权信息	

　　二次学习微视频的应用，打破了教与学的时空，创设了相对宽松的教学情境，借助智能终端设备和移动网络，为学生提供了再次学习的机会，更好地帮助学生开展补偿学习和深度学习，引导学生对课堂问题的深入探究，促进了学生核心知识的领会，发展了学生的高阶思维。①

---

① 此节内容为青浦区新课堂实验课题研究项目之一，由E修坊工作室承担，执笔者：周世杰。

第六章

导向深度学习教学的教学法体系

　　教学方法，又叫作教学法，是指为达到教学目的，实现教学目标，运用教学手段而进行的、由教学原则指导的、一整套方式组成的、师生相互作用的活动。[①]教学方法是联系教学内容与教师、学生的中介，也是调节教学过程的重要手段，在教学中具有指导和指引的意义，会影响教学效果和教学质量。对于教学变革来说，教学方法的变革是其核心内容，"教学改革无不从教学方法开始，即便是其他方面的改革也离不开教学方法改革的跟进；凡论及教学命题也离不开对教学方法的讨论"[②]。教学方法是扎根于实践，在教师的长期课程教学中孕育而生的，是具有实效性和操作性的方式与手段。随着青浦新课堂实验的深入，导向深度学习的教学法体系被总结、提炼出来，我们将其概括为"预学展示—助学评议—拓展迁移"。本章从其提出的背景、目的与意义、要求与方法等方面对教学法体系做出了详细的说明。

---

① 王策三.教学论稿［M］.北京：人民教育出版社，2005：239.

② 程广文.论教学方法［J］.全球教育展望，2012，41（1）：17–25.

第一节　预学展示：主动学习与多元反馈

　　预学是指学生在正式学习之前，在知识、技能或态度等方面进行预备学习。预学是学生学习的重要组成部分。在正式课堂教学开始之前，教师基于课程标准、教学内容和学情分析，精心设计情境问题，激活学生的认知和思维，让学生产生解决问题的冲动，主动投入学习（见图6-1）。学生根据教师提供的相关材料和课前预学单，基于自身的努力，进行尝试性的学习。这样，学生在课堂学习之前获得了独立自主学习的机会、时间以及空间，在课堂内学习前便可以做好相关的知识储备、技能、情感、态度等全方位的准备，带着有准备的头脑进入课堂学习，从而使课内学习更加深入。学生在预学之后进行展示。展示是指学生通过语言、形体等方式表达对事物的认识、对知识的理解、观点的差异，从而使教师发现学生暴露出来的各种学习内隐问题。展示独立学习的思维过程与结果，在公开自我中获得申辩机会和多元反馈，教师"时观而弗语"，对预学结果进行反馈，精准地把握学情，及时调整教学的起点，进行教学决策（见图6-2）。

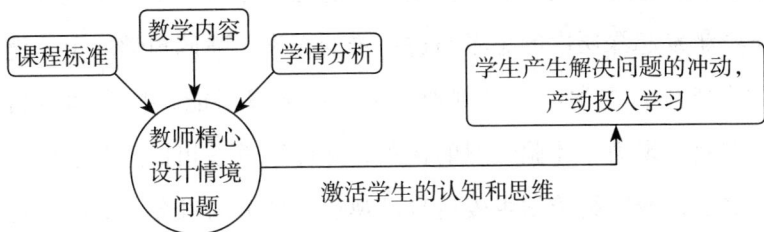

图6-1 "预学"示意图

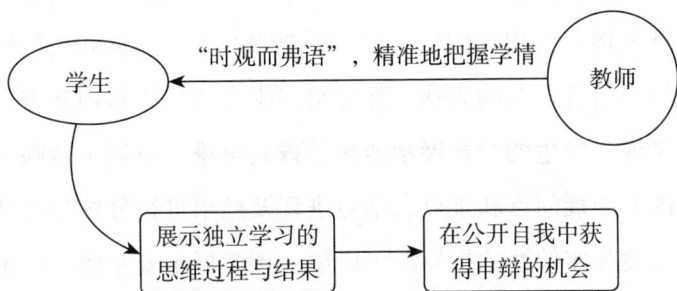

图6-2 "展示"示意图

一、预学展示的目的与意义

预学实质上是一种前置性学习，它将课堂教学的起点前移，将原本传统课堂的先教后学改变为学生先学、教师后教，这能够让教师及时把握学生的学习起点，了解学生学习的基础和不足，从而重新定位教学的重难点，进行针对性教学。教师为促进学生更好地预学，通过预学单的设计以及预学任务的布置能促进自身更好地研究教学内容、研究学生情况，以促进教学水平提升及专业化能力发展。从学生的角度来说，预学为学生提供了自主学习的机会，学生能够在预学中掌握自主学习的方法与习惯，提升学习能力，从"学会"走向"会学"。为了扫除知识障碍，更重要的是，预学能够促使学生产生认知冲突，激活学生的学习情意和学习性向，让学生带着问题和动力进入课堂。

119

预学展示着重展现了学生获取知识的思维路径，学生通过教师和同学的质疑激发起深层次的思考与进一步的探索。强调预学展示，就是强调让每个学生自主学习、批判地学习，以激发潜能，提升学习品质和多元反馈及表现力，体验学习的快乐，并促进教学相长。在学生进行独立预学之后，教师给予学生表达自己观点、理解的机会，能够满足学生展示自我的需求，对学生学习兴趣提升、学习动机激发、积极自我概念形成具有积极的作用，而且对学生自主学习意识的加强、自信心与团结合作的精神的培养有积极作用。展示需要将内在的思路和想法组织转换成合乎逻辑和语言规范的表达，能够培养学生的语言运用和表达能力。对于教师来说，学生的公开展示能够暴露其思维，有利于教师对学生基础、学习内容的疑问点和难点、学习进程及结果进行分析与诊断，从而开展有针对性和实效性的指导。可以说，预学展示既是培养学生能力的途径，也是教师了解学情的途径。

二、预学展示的策略与方法

"预学"是导向深度学习教学新课堂中的基础环节。在预学阶段，教师可以为学生提供相关学习材料和课前预学单辅助预学，也可以直接设计相关的预学任务。相关的学习材料包括对教材内容的创造性处理，在打破教材框架体系的基础上，教师在预学中对教材内容进行重组，可以对教材表达方式进行改变，进行图文转换、变式训练等，使预学更加具有趣味性。预学单的设计要在明确学习目标的前提下凸显重点，以问题贯穿，做到目标精准、内容透彻、方法合理等，让学生预学更有趣，更觉得富有挑战性。根据学习内容的关联度不同，教师可以选取不同的预学形式。对于关联度不高的学习内容可以采用整体性、一次性预学，而对于关联度很高的学习内容则可以采用阶段性预学的方式，通过多次预学逐级完成。根据学习内容的难易度，对基础性的、难度较低的知识采取个人自主预学，而对重、难点知识及难度较高的知识则选取多人合作预学的形式。此外，教师在学生的预学中还可以从目标的引领、语言的指导、图表的对话、案例的示范等方面进行适时指导[①]。通过预学之后的反馈，教师对学生就这部分学习内容的疑问点和难点进行分析，并及时调整内容。教师可以将预学中发现的问题作为课堂教学的导入和切入点。

展示强调把课堂还给学生，将内在思维及认识过程可视化。因此，在内容的选择上可以展示预学生成的全部资源，也可选取其中部分"对"的或者"错"的资源，不仅需展示预学的结果，更要展示预学的过程，可以利用"出声写"在紧扣核心内容的基础上进行展示。预学展示可以采取学生单独展示、小组交流、班级交流的形式，让学生进行充分的自我展示、对话交流、思维碰撞。其中，单独展示可以让学生展现其对预学单的完成情况及完成的思维过程，可以是示范展示，也可以是对比展示：示范展示主要是由完成情况较好的学生进行示范；对比展示则是通过对不同解题方式及思路进行对比，以激发学生的深层次思考。组间交流可以围绕教学目标、重点、学生易混淆的知识和学生不同的思路与理解等展开交流，通过分享、质疑、澄清，最后达到明辨和理解。在班级交流过程中可以由小组代表进行交流展示。展示的层次可以根据内容来调整，如对学生自学无法解决的问题，可先由组内成员交流解决，当组内无法解决时，非班级共性问题考虑进行组际交流，共性问题则考虑进行班级整体交流展示。具体的展示形式包括演讲、书面展示、辩论、表演等。

在展示的主体上，既要发挥学生的主动性，也要发挥教师的导引作用，根据需要进行教师的导引展示。教师要给予不同学生展示的机会和质疑的机会，引导学生在倾听他人展示的基础上进行质疑和评价，同时要保

---

① 沈磊. "课内预学"在初中地理教学中的实施策略［C］// 新课堂实验项目内部交流文集.

护学生的积极性和参与的热情。教师要在适当的时机对学生进行评价和点拨，如在生成关键问题处、发现最佳答案处、发现典型错误处、发现思路处进行点拨，在学生反馈的优点处进行表扬，在问题发现处进行指正，在审题、答题要求方面做处总结，切实发挥教师的指导作用。

第二节　助学评议：精准帮助与跟进指导

　　尽管学生是学习的主体，但学生的学习在很大程度上需要教师的帮助，可以说，学生的学习是在教师的助学下进行的。助学就是教师帮助学生学习，是指在教育活动中教师应创设适宜的教育情境，借助各种教育手段，通过对学生的帮助和引导，使教育活动逐步由以教师为主导的他主学习向以学生为主体的自主学习转变，从而培养学生的学习志趣与学习能力，帮助学生学会做人、学会学习和学会做事，最终使学生养成自主学习与终身学习的良好习惯的一种教师职责的履行过程[①]。

　　当今，教师不再是课堂知识的传授者和主导者，不是包办替代者，而是课堂的助学者、学习的促进者、资源的支持者以及环境的创设者。导向深度学习教学变革中的助学既是指课堂教学的一个独立环节，又是渗透在整个课堂教学中的思想与精神。从环节这一角度来讲，助学是指基于学生的预学准备和展示分享，在把握学生学习情况和动态的基础上，教师精准地介入，采用多种策略促进不同学生对知识的多角度的理解，渐以进阶式练习将学习引向深入，并在教学过程中对学生进行跟进式指导，从而使学生提升思维、激发潜能、生成情意（见图6-3）。从思想角度来讲，教师在整个课堂教学中不仅要从知识学习方面对学生给予助学，还要培养学生的学习方法、态度，提高学生自主学习、合作学习的能力。评议与教学同步进行是教师助学的重要策略与手段。评重在对过程的回顾，议重在今后改进建议。一方面，教师及时测评学生学习知识与能力的掌握程度，实现效果回授；另一方面，教师通过对学生学习态度、方法和习惯的评估，及时纠正学生不良的学习习惯和思维方法，激励学生更有效地学习、充满自信地学习。除了教师的助学评议之外，导向深度学习的教学变革中广义上的助学评议还包括学生间的相互帮助与争议、评论。

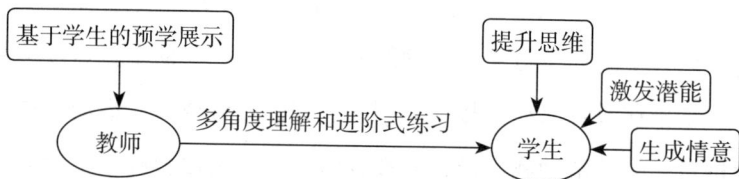

图6-3　助学评议示意图

一、助学评议的目的与意义

助学评议是针对教师在课堂教学中缺乏针对性指导和教学提出的。以往的课堂教学以教师教授知识为主，课堂是"我讲你听"的课堂，教师是课堂的主宰者和唯一的评判者，学生的积极性难以充分调动起来，学生的学习潜力难以激发出来，并且以往的评价以知识的记忆和理解为主，对学生的情意态度以及思维能力关注不够，仅仅关注学生状况与教学目标之间的差距，关注教学目标的实现程度，而对学生相对于自身的个体成就、纵向发展有忽略。导向深度学习的教学强调教师对学生的帮助作用、生生互助以及师生之间的互相帮助，主张教师评议的目的在于帮助，而不是评估和奖惩。这种建设性评价观不是以衡量差距作为主旨，而是考虑学生的个体成就，学习过程体现了学习的品质和成效、评价与教学同步的过程性，关注学生认知与情意等多方面发展的综合性，促进学生潜能实现的导向性[①]。

在课堂教学中落实助学评议首先有助于教师主体意识的调整与转换，教师不再是课堂教学的主导者，而是学生学习的引导者和助学者，这能够从思想信念上使教师发生转变。助学和评议作为教学的两个环节，在预学展示后的助学能够针对学生的学习基础和动态发现问题，并及时做出回应和跟进性指导，评议则根据学生的展示与反馈及时进行评估和纠正，有助于课堂教学效能的提高和课堂教学质量的提升。具体来说，助学评议使得课堂教学不仅是知识授受的过程，更是自学、展示的过程，是活动、交流的过程，学生不仅能够获得知识、习得方法、培养习惯，更能够在平等、协商的氛围中培养自主学习的能力，从而促进思维品质的提升。助学评议带来的师生之间的相互学习和互动，还有利于教学相长，促进师生潜能的共同开发。生生之间的评议能够促使学生始终保持积极的学习态度，从目标的达成度、语言的准确度、内容的合理性等方面评价质疑，有助于学生批判性思维的培养和发展。学生通过评价获得的肯定能够帮助学生看到自己的努力和进步，激发和调动学生的积极性，增加学生的成就感，激发学生继续努力的动机。另外，评议之后的改进能够让教师和学生反思自己的教学得失和展示得失，从而调整策略，不断完善自己。

二、助学评议的策略和方法

导向深度学习教学变革中强调的思想方面的助学要求教师从各个方

[①] 彭尔佳，张卫平.从"对学习的评价"走向"为学习的评价"——"新课堂实验"课堂教学评价的行动研究［M］// 超越与回归——新课堂实验报告，新课堂实验项目内部交流文集.

面成为学生学习的促进者，既包括知识学习方面的助学，也包括情感、态度、动机等方面，既涉及学习资源的提供，包括学习问题和困惑的咨询、指导，也涉及学生学习讨论、活动等的组织，包括学习动机、态度的激发等。从课堂教学的环节来讲，教师要用心观察、积极聆听、善于诊断，针对学生预学、展示中显现的问题，把准脉搏，在学生学习的迷思处、容易出错处和思维尚难企及处加以引导和点拨，点亮思维、抵及心灵，"激发其追根究底的钻研、落实问题解决的体验"，让深度学习真正发生，促进学生真正理解所学知识，掌握方法，生成情意，形成可迁移能力。教师的助学可以提供个性化服务促进学生的自学，组织课堂活动推进学生之间的互学，创造情境和条件促进学生悟学。在助学过程中，除了教师直接作为帮助者之外，教师还可以引导生生之间互相助学、小组助学或集体助学。生生助学能够使需要帮助的学生随时得到帮助，能够帮助学生积极投入学习的过程，避免因为听不懂、不会说而游离于课堂之外，甚至放弃学习。

评议要在知识、能力、态度、方法的测评中，及时反馈、跟进指导；在商议和讨论中帮助学生建构起良好的知识，获得积极的学习态度，掌握良好的学习方法。在师生评议中，教师要做到思路与方法的引领、内容与方式的总结、过程及思维的反馈，并进行情意与动机方面的激励。评议的内容要涉及学生的学习情况，既包括知识层面，也包括情意层面，要结合学生的具体表现给出具体、明确的信息。评议的时间不仅要在学习发生之后，还要伴随学习全程，及时、持续且深入。评议的形式则可以多元化和综合化，依据需要进行口头评议或书面评议，决定是否设计参考标准，等等。此外，教师可以利用一些策略和技巧引发生生之间的评议和交流，使学生在评议中进行思想的碰撞、观念的交流。评议要涉及多元主体，既包括教师对学生的评价与指导，也包括学生对学生、学生对教师的评价与反馈等。

第三节　拓展迁移：新情境中真实
问题的解决

　　拓展迁移一般是课堂教学与作业贯通的环节。在这个环节中，教师要引导学生体悟、概括，达成知识的巩固、内化、迁移，并以新的情境问题为载体，引导学生以新知识解决新问题，实现新知与未知、课内与课外学习的有效链接（见图6-4）。具体来说，拓展就是开拓扩展，是指基于一定的教学目标和要求，利用各种方式、方法、手段对教学活动进行挖掘、深化和延伸[①]。在教学中，教师以课本知识为立足点，适度拓展教学内容，加深学生对所学内容的理解与感悟，延伸知识的深度和广度，扩大学生的视野范围，拓展学生的思维，提升学生的自主学习能力。迁移本义是指先前学习的知识、技能、经验等对新学习产生的影响。在课堂教学中，迁移是指教师通过一定的策略和方法，引导学生把在一个情境中学到的东西（包括知识、思维、方法、技能等）迁移到新的情境中，从而提高学习的效率，既包括从旧知识向新知识的迁移，也包括从知识向应用的迁移和思

[①] 程家强.教学拓展彰显学科核心素养［J］.思想政治课教学，2018（8）：12-15.

想方法的迁移。

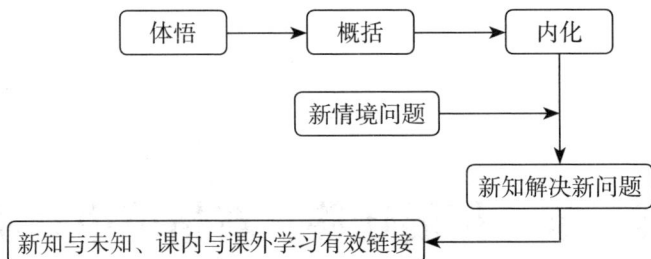

```
┌──────┐      ┌──────┐      ┌──────┐
│ 体悟 │ ───→ │ 概括 │ ───→ │ 内化 │
└──────┘      └──────┘      └──────┘
                                 │
              ┌──────────┐       │
              │ 新情境问题 │ ──────→│
              └──────────┘       │
                                 ↓
                        ┌──────────────┐
                        │ 新知解决新问题 │
                        └──────────────┘
                                 │
┌────────────────────────────┐  │
│ 新知与未知、课内与课外学习有效链接 │ ←┘
└────────────────────────────┘
```

图6-4　拓展迁移示意图

一、拓展迁移的目的与意义

当前教育教学中，教师主要依靠教材作为开展教学的基本素材，但教师并非就要因此局限于教材教学。由于教材内容提供的信息量有限，教师要创造性地利用教材进行教学，对教材进行有效的拓展和超越，根据教材内容开发和生成教学资源。教师进行拓展的目的主要有两个：一是围绕所学内容，加深学生对所学内容的掌握，包括对知识的延伸、拓宽和拓深；二是发散学生的思维，主要是指增加思维的深度和广度，锻造思维的强度。对于教师来说，拓展延伸有助于增进其对教材的感悟和理解，有助于其对主题知识达到更深入的理解。对于学生来说，有效地拓展具有深刻和深远的意义和价值，背景类知识、难点类知识等的拓展能够帮助学生增长知识，加深其对知识的理解；兴趣类知识的拓展能够拓宽学生的眼界，提升学科核心素养；引发质疑和反思类的拓展能够锤炼学习思维，促进学生深度思考；紧扣生活现实类的拓展能够提升学生的思想境界和道德能力，促进学生的全面发展；引向活动类的拓展能够增强学生的实践能力，促进知识学习和实践的良性互动。

迁移是学习的实质，"所有的学习都涉及原有经验的迁移"①，如果不能迁移，那么学习可以说没有发生。因此，教师在教学中注重迁移能够引导学生更好地掌握知识，将所学知识运用到新的情境中，提高学习质量，实现有效的、可持续的学习。学生对知识的学习能否实现内部关联迁移和外部拓展迁移是深度学习发生与否的重要指标。其中，内部关联迁移是指新知识不超出当前阶段，知识结构与形态未发生大幅变化，而能够进入问题解决的阶段；外部拓展迁移则是指知识实现了变迁，形态和地位也发生了变化，能够以更高水平的能力和素养解决问题。教师为了促进学生的深度学习要推动迁移的发生。而让学生将学到的知识和能力运用到学习、生活中的迁移能力是教育教学的目的之一，学校教育要为学生灵活适应新问题和情境做准备②。迁移不仅有助于实现学校的教育目标，切实提高学生解决问题的能力，从而促进学生的真正发展，而且能够将学得的知识和经验系统化、概括化，形成能力，它也是品德的心理结构和品德转化建立的前提条件③。

二、拓展迁移的策略与方法

拓展首先要立足于课堂教学，要在掌握教材的基础上，突破教材、超越教材。在具体的拓展过程中，选择拓展的切入点，可以是教学的重、难点，可以是文本的空白点、延伸点，也可以是学生学习的疑难点。在重、难点处拓展，可以提升学生认识和理解的水平；在文本空白处拓展，能够丰富学生的想象和内心体验；在疑难点处拓展，能够滋养文本教学。教师

---

① 约翰·D.布兰思福特，安·L.布朗，罗德尼·R.科金，等.人是如何学习的大脑、心理、经验及学校扩展版［M］.上海：华东师范大学出版社，2013：60.

② 同上。

③ 顾援.迁移与课堂教学［J］.教育理论与实践，2000（10）：39–46.

应精选拓展的内容，既要考虑学生的可接受性，也要考虑内容的思维性，寻找课内外的结合点来进行拓展。它可以是知识的拓展，也可以是思想方法的拓展，还可以是文化拓展。除了为学生提供丰富的材料（如发散型材料、反驳式材料、还原性材料、搭桥式材料等），教师要丰富拓展的形式，激发学生继续学习的热情，进行多元拓展的评价，从而提高学生的核心素养。

迁移活动的发生需要教师依据迁移发生的机制来组织和进行教学。首先，知识积累是迁移的前提，学生如果没有可利用的、可辨别的、稳定的知识基础，要实现迁移是不可能的。教师要致力于知识的熟练学习与掌握，在教学活动中让学生对知识进行合理、有效的编码，从而方便记忆以及之后灵活地提取和运用。教师可以利用一些策略方式（如用不同符号呈现事物特性的多维度表征策略，多种背景下揭示知识意义的多情境呈现策略，利用表象化、组织化、联想化进行的记忆术编码策略，等等）进行处理。其次，在已有知识的基础上学习新知识时，教师要加强新旧知识的比较、对比、概括，加强知识之间的联系，从而促进学生对新知识有更好地理解并达到内化，进而完善自身的知识结构和认知结构，实现认知结构的同化、顺应。再次，教师要引导学生掌握学习方法。学习方法作为一种学习经验，能够对学生之后的学习产生广泛的、一般性的迁移，教师通过对学习方法的总结、训练，让学生获得真正的学习能力，从而促进新的有效的迁移。最后，教师要引导学生建立迁移的性向，即有愿意迁移的动机和态度，引导学生实现知识向应用的迁移。教师在教学中要结合其他学科进行教学，结合学科内容和生活应用，注重教学与现实生活之间的联系，精心创造新情境问题，鼓励学生把所学的知识和内容用于生活中的问题解决，增强"学以致用"的能力。

第七章
导向深度学习教学的教研体系

为教师不断提供有效的学习机会，使其不仅专注于个别的、短暂的实践活动的改变，而且致力于整体、持久的变革；使其不是亦步亦趋地落实和执行，而是在内在生成的教学研究活动与过程中领悟与践行，这是教学变革的一个关键因素。教研作为具有中国特色和经验的教育运作制度，通过组织教师进行教学研究，为教师的主动发展提供机会，对学生的学业质量提升、教师的专业发展促进、学校的教学质量提高有着重要的作用，且能持续推动教学变革。当前的教研大多囿于经验，以集体备课、听评课、观摩课等具体活动进行。导向深度学习的变革在充分试验、深入思辨的基础上，归纳、构建出了"同课共构的循证实践"模型。它既重经验又重证据，强调以课例为载体、以研修共同体为平台、以循证实践为方法，在"任务设计与教学改进"的行动环中嵌入认知师徒制，注重基于证据的专业引领和行为跟进，从而促进教学变革与教师专业发展同步发生。

第一节 "同课共构循证实践"的内涵

一、"同课共构"的研修机制

教师是教学研究的主体，在现实的教研探索中，虽然教师会通过个体的教学研究来研究教学，但缺乏专业智慧的共享；学校会开展群体性教学研究活动，其中"同课同构""同课异构"等教研方式较为常用，这两种教研方式有效地促进了教师专业智慧的分享，增进了教师间的合作和竞争挑战。但往往囿于同背景文化的学习，缺乏多角度的审视，教师的课例研究缺乏高度和深度。而"同课共构"是在这两种教研方式的基础上引入专业引领力量——教研员、科研员、大学教师等主体参与，在教师自我反思、同伴互助的基础上增加专业引领，多角度、专业化地聚焦课堂改进。它既强调核心经验，又重理论和证据，围绕"任务设计—教学改进"，让教师、研究者、教学领导乃至学生与家长共同参与，聚焦目标—过程—效应最优化，进行发散性与聚合性交融，将蕴藏于不同身份与视角的教学理论、教学智慧、学习经验交互碰撞，多视角、更深入、关联地理解课堂，进而在更高层次上帮助教师生成教学实践智慧，促进学生更有效和高品质的深度学习。

二、教学中的循证实践

循证实践（Evidence-based Practice）基本含义是指"以证据为基础的实践"，引申为"遵循证据进行实践"，是由循证医学肇始，在医学及人文社会科学的实践领域催生的一种实践形态[①]。其要义是实践者针对消费者（泛指实践者所服务的对象）的具体问题，在消费者的主动配合下，根据研究者提供的最佳证据及管理者制定的实践指南与标准等所进行的实践。循证实践关注证据，是一种证据导向的研究范式，能够通过实施最佳证据提供的途径来改善实践，而非仅仅依靠经验，能够使实践有更加科学的依据和框架，更加科学化。循证实践在教育领域诞生、流行，产生了证据文化的驱动力量，甚至产生了以循证实践为目的的循证教育。

循证教育是指在教育过程中，将最佳、有效的经验证据与专业智慧整合起来进行决策，包括研究者提出最佳证据、教育者基于证据教学、受教育者参与教育实践的决策、管理者协调整个教育过程四个方面[②]。在具体的实施和行动方面，形成了固定的实践框架和流程。首先，提出循证问题，确定一个教育中需要解决的问题，然后通过查看指南、手册，查找数据库等寻找最佳证据。其次，对寻找到的证据进行综合评价，从质量标准、功能方法、正确性、相关性等方面进行综合评价。然后整合专业智慧，并制订实施方案。最后，对开展的工作进行评价，为之后实施循证教育提供经验教训。其中，循证教学更加关注教学决策和教学行为，主张将教师的智慧、经验与教学证据结合起来，从而提高教学的实效性，促进学生的学习和发展。它既强调教学决策和教学行为之前的测量与评估，又突

---

① 杨文登.循证实践：一种新的实践形态［J］.自然辩证法研究，2010，26（4）：106–110.

② 杨文登，叶浩生.缩短教育理论与实践的距离：基于循证教育学的视野［J］.教育研究与实验，2010（3）：11–17.

出基于证据对教学的积极干预和改进①。

教学中的循证实践是循证教学的实践形态，是指遵循证据的多循环实践。它是期望改变实践者——教师依据个体经验设计、教学，遵循"片面经验"进行实践的缺点；期望改变教学实际中忽视学生需求和期望、因材施教的教学；期望改变教学指导者、学校教学领导与教师缺乏一致性的教学生态；期望改变教学理念与教学实际的落差；期望改变教学知识和方法与技术的封闭、缺乏有效的共享与传播。

基于以上分析，结合实际，我们将教学中的循证实践看作教师基于事实证据、基于自身的实践智慧、基于学生的需要和期望，实现三方融合，从而促进课堂教学效应最大化的改进路径和方法。

三、"同课共构循证实践"

"同课共构循证实践"便是将"同课共构"和循证实践融合一起，是在"同课共构"的研修模式中导入循证实践的机制，将教学指导者（研究者）、学校领导与教师建立"实践—研究"的共同体，围绕学生的需求、核心素养的培养和教师的专业发展，开展遵循最佳证据的"任务设计—教学改进"的行动环（见图7-1）。

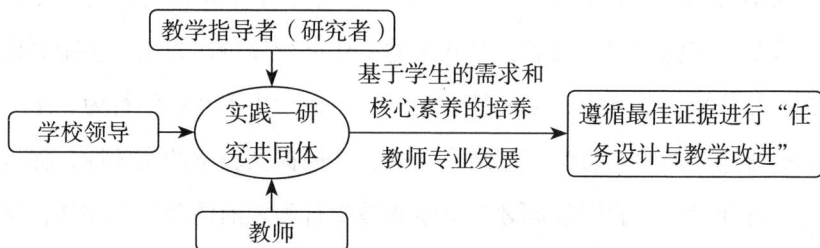

图7-1　"同课共构"的循证实践概念图

---

① 郑红苹，崔友兴."互联网+教育"下循证教学的理念与路径［J］.教育研究，2018，
　　39（8）：101-107.

"同课共构循证实践"操作流程：

（1）"同课共构"。以备课组或教研组为单位，成立一个由教师发展指导者（包括研究者、学校领导等）和教师组成的研究团队，围绕一堂典型的课进行教学设计，在设计过程中，不同的人从不同的角度对教学设计提出看法，通过"一图二表三单"反复地刻画与讨论形成第一轮的教学设计（基于核心经验的教学设计）。

（2）第一轮实践。由团队中的两位教师（通常为经验教师或教改先行教师和新手或教改跟进教师）按照共同的教学设计，结合自身的实际"和而不同"地在平行班施教。团队的其他成员组建相关的循证组，制作研究工具，收集相关数据，形成初步的测评报告。

（3）第一轮循证研讨。首先，由施教者对教学过程进行反思；其次，由各个循证组汇报相关课堂测评的过程和结果证据，提出修改建议；再次，由不同领域的专家依据各自的专长进行点评和指导；从次，再由施教者进行两次反思；最后，经过观点碰撞形成课堂重构（新的教学设计）的基本思路。

（4）上述（2）、（3）环节重复1～2次，形成第2～3轮的循证实践。

（5）在更大范围内展示循证实践的过程，推广和交流以循证实践为核心的教研活动（见图7-2）。

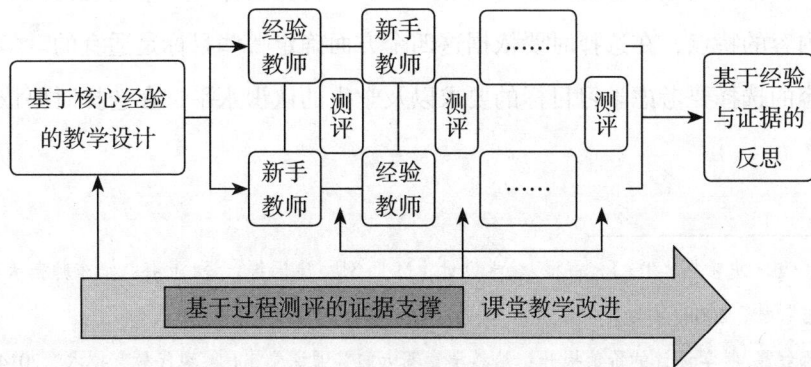

图7-2　"同课共构"循证实践操作模型

第二节 "同课共构循证实践"的三个关键行为

一、基于任务分析的教学设计

　　教学设计是"把学习与教学原理转化为教学材料、活动、信息资源和评价的规划这一系统的、反思性的过程[①]",它是联结教学理论和教学实践的桥梁,是指导和支持教学实践有效运行的基础[②]。教学设计包括学习目标的确立、学习内容的选择、教学方式的选用以及教学评价的选择,既是课前教师对教学的预先设想,也是一种包含考虑和选择的决策的过程。学习目标的确立要考虑到学科核心素养、学科课程标准、学生能力以及教学内容的特点,在选择时要依据这四个方面确定哪些目标是适宜的。学习内容的选择要考虑学习目标的要求以及学生的认识水平,在选择时要依据

[①] P·L·史密斯,T·J·雷根.教学设计 [M] .3版.庞国维,译.上海:华东师范大学出版社,2008:04.

[②] 郭红霞.教学设计的价值提升:从教学竞赛走向普通课堂 [J] .现代教育技术,2014,24(9):30–35.

目标和学生学情状况确定内容的组织方式。教学方式的选用要考虑要实现什么样的学习目标以及学习内容对教学方式的要求，并以此来确定选取最佳的教学方式。教学评价的选择也同样要考虑学习目标及学习内容，标准就是学习目标，措施要依据学习内容来决定。

在平常的教研活动中，涉及教学设计领域的多是由学校同年级、同学科教师组成的备课组以及学校以学科单位组成的教研组安排集体备课。在具体的操作过程中，受到实践和精力的限制多是由教师各自备课，然后交流讨论，这种常规的教研方式能有效弥补教师个人教学设计知识欠缺、能力不强的不足，促进教师之间智慧和经验的交流与共享，促进教师之间的合作和共同进步，但是由于缺乏专业的引领，同校或者同学科教师同质化严重，交流局限于策略和方法等操作层面[①]，仍然以教师的经验支持为基础，教研活动往往不够深入。导向深度学习的教学变革项目组在教研活动中引导多方人员参与，能够帮助教师提升教学设计能力、透彻地理解教学内容、掌握教学设计技术、发展教学设计策略、提升教学研究的水平。

以往教研活动中的备课往往是教师凭借个人经验和常规备课形式备课，然后进行集体研讨，教师在个人反思的基础上进行二次备课，最后进行施教。教师往往将集体备课的目标理解为为上课做准备，而忽视了以集体备课为依托进行教学设计及研究，集体备课的作用也被简化为经验和意见的交流和交换。此外，当前教研活动中形成的教学设计多是依据教师教的思路进行设计，多是教师立场的，忽视了学生立场，对学生的学关注得不够。导向深度学习的教学变革项目组在多年的实践基础上开发出了"一图二表三单"这些实用而有效的技术工具，能够使教师在集体备课时，在理解学科课程标准及教材内容的基础上，基于学生学情进行任务设计。

---

① 胡红杏."高端备课"：基于课堂研究的备课新范式［J］.西北师大学报（社会科学版），2020（4）：45-53

教师在确定研讨课的具体章节内容后，参与执教的两位教师首先独自进行教学设计。这一过程要求教师就学科核心素养、学科课程标准、学科要求等熟练掌握本节课的要求，并熟悉本节课涉及的核心概念以及不同教材对这一核心概念的解释、呈现方式，在此基础上利用图表的形式横向或纵向梳理知识的结构和内容，分析这些知识、概念前面的基础、后面的发展、相关联的知识，绘制出单元主干知识图谱和课时主干知识图谱。然后根据学习目标及教学目标精准地刻画每节课学生要达到的目标层次，设计出学习内容与目标的双向细目表，并依据学生的学情制定基于座位表的个别化精准帮助与过程测评表。对学生学情的分析包括：关于学习内容学生已经知道了什么；自己自学可以学习什么；容易误解的是什么；迷思点在何处；等等。在这些分析的基础上，教师要进行任务设计，即在"一图"和"二表"设计的基础上，围绕学习内容和流程，设计课前、课中、课后连贯一致的学习单，即"三单"。随后，"实践—研究"共同体或跨校实验联盟的成员参与教研组活动，对执教教师提出的教学设计进行反馈和交流，提出改进性建议。执教教师及所在教研组在听取其他教师的意见和建议的基础上进一步完善教学设计，形成执教前的教学设计。

二、基于过程测评的教学实践

教研成效不仅要看教师的教学实践，还要看是否真正提高了课堂的质效和促进了学生的深度学习。

传统的听评课大多选取经验教师授课，其他教师观课、评课的形式，或者是同一个教学内容选取不同的教师上课，其他教师观课、评课，这些传统的形式往往会出现执教教师专情投入，而听课教师"冷眼旁观"，或批改作业，或心无旁骛发微信等现象[①]，教师只把它当作"过路式的观赏"[②]，听课成了无意识的过场。而在课后的讨论环节，评教的教师依靠参与者个人经验来进行判断，有时候会因为准备不足而出现各说各话、蜻蜓点水的情况。总的来说，参与教师对听评课的目的、框架、系统的考虑都十分缺乏，不知道"为什么"去听评课，也不知道"依据什么"进行听评课，更不知道"如何进行"听评课[③]。

　　导向深度学习的教学变革项目组所提倡的"同课共构循证实践"运用一系列措施让所有参与教师都参与其中，并从依赖经验走向基于证据，让教师的执教以及听评课更具目的性、针对性、操作性和系统性。在每轮的教学实践中将参与人员分为实践和测评两组，实践组主要是执教教师，由经验教师和年轻教师配对就同一课题进行教学。教师在前期自主进行教学设计、集体反馈交流、进一步完善教学设计的基础上进行课堂教学实践。在教学实践的过程中，教师时时关注学生的实际学习情况，依据学生的表现，有针对性地、及时地调整教学策略，进行改进。执教教师一般采用出声想、出声写、出声做等"出声思考"的方式引导学生，将学生的思维外显。具体来说，"出声想"引导学生通过表达对学习内容的理解、讲明方法的甄选、讲明解题的思路等对自我的行为及想法做出解释，从而明晰对信息与知识的理解、一些做法的缘由以及评价思路与方法的优劣等。"出声写"以课堂展示的形式暴露学生问题，为教师的及时改进提供信息和依

---

① 朱连云，彭尔佳.教师发展指导者课堂教学临床指导研究［M］.上海：上海教育出版社，2016：146.

② 王占魁.从"个体教学"到"集体教研"——论当代教师的现场学习力［J］.教育发展研究，2013，33（4）：19–23.

③ 饶小玲.同课共构的循证实践：以深度教研推动深度教学［J］.青浦实验，2019（6）：16–19.

据。"出声做"则是教师通过对学生的作业等进行分析了解学生的思维过程和结果，及时判断学生的学习情况，进而调整教学行为①。

测评组由参与的其他教师组成，在课前他们需熟悉教学内容、明确知识主干、参与执教者教学设计、理解教师的设计意图，并对基于座位表的个体目标达成进行分析，精熟学习内容、目标与学习的关联，凭借教学笔记、个别访谈、课前学习单和双向细目表提供的信息，进行初步分析，确定焦点观察和小组观察的对象，在此基础上基于观察目标、对象、内容、方式，初步建立观察框架。在学生完成课前预学单、上课之前实施前测。在课堂教学实践当天，提前进入教室，与学生交流，熟悉学生。在执教教师执教期间，测评组教师基于观察记录表，围绕一系列指标，并借助手机、摄像机、录音笔等设备获取证据，进行测评。在上课结束之后，即刻对学生进行后测。

测评的指标在长期的探索和实践中经过多次修改和调整，从最初的导向深度学习的教学策略观察、基于座位表的学生课堂参与度观察、教师的提问—回应观察、学生课堂表现和学习单分析四个观测点升级到"以学定教、少教多学、鼓励挑战"三个教的指标和"理解、体验、迁移"三个学的指标。其中，"以学定教、少教多学、鼓励挑战"三个教的指标分为全班学生的学习投入情况、焦点学生的学习情况、小组合作的学习情况、教师提问—回应情况、课堂前后学生学习比较五个观测点；"理解、体验、迁移"三个学的指标分为学生的课堂投入度、学生的学习参与度、学生的独立学习与互助学习实现度、学生的情感与体验展示度、学生的获得有效度五个观测点②。在此基础上制定了课堂教与学的整体观察表、课堂学生

---

① 朱连云，彭尔佳.教师发展指导者课堂教学临床指导研究［M］.上海：上海教育出版社，2016：111–138.

② 李霞.同课共构：创新教学研修的实践［J］.现代中小学教育，2016，32（1）：116–119.

问题—呈现回应观察表、基于学情分析座位表的小组合作学习有效性观察表、基于学情分析座位表的学生课堂参与度观察表、课堂焦点学生观察表及访谈表等一系列量表。

三、基于证据分析的教学改进

教学变革的真正发生依赖于教师对日常课堂教学的不断改进和完善[①]。这种改进与完善是一个持续、发展的过程，从根本上来说，这也是个人和组织学习的过程，"集体备课""听评课"这些教研活动与形式就是个人和组织通过多样形式进行研修学习，并最终指向改进课堂教学的过程。因此，教研活动最终要为课堂教学带来改变。

以往教研活动中做出的反馈和判断多是在个人经验和印象的基础上做出的，缺乏足够的数据及证据支撑，针对性和严谨性不够。因此，提出的问题和建议执教教师并不一定认同，双方有时并未能就出现的问题和改进建议达成共识，后续的改进方案和行动因而不一定能够有效推行。证据作为可以证明某种观点、结论等的事实依据，是相对客观、中立且不以人的主观愿望和情感偏好为转移的[②]。基于证据的教学评价和改进意见能够为教研工作提供确切的依据，从依凭经验直觉走向依靠科学规范的证据，确保教研活动的针对性和严谨性。

导向深度学习的教学变革强调"同课共构循证实践"，主张在真实的教学情境中通过教研工具收集数据、证据，利用多样证据作为教学诊断、教学评价的依据，并基于此进行讨论、分析，得出可靠、准确的研究结论，并提出有针对性的改进意见。教研工具的开发和应用主要是课堂观察量表的编制，测评教师依据观察量表，根据测评指标，充分积累、收集数

[①] 周坤亮.指向课堂教学改进的听评课［J］.教育理论与实践，2011，31（26）：52–53，61.
[②] 徐淀芳.严格的证据：教学研究进步的核心［J］.教育发展研究，2013，33（2）：1–4.

据及证据。这些数据和证据内容多样，包括教学前对学生进行的测评，课堂教学时教师对学生的观察记录、后测结果，课后测评教师对学生做的访谈等，形式丰富，可以是图表、图片，也可以是轶事、视频等。实证材料为后续教学改进增加了有效性和信服度。研讨时多方主体不仅从教师行为层面探讨改进，提供技术策略上的改进意见，并且从理念等角度加深教师对教育教学的认识，从而谋求教师自主反思基础上的行为改进。

第八章

从"领会"到"探究"的
长作业设计与教学

教学改革始终要回应社会发展的需求，需要问题导向和目标导向的深度融合。在导向深度学习的课堂教学实践中，单靠40分钟的课堂教学，很难真正实现学生高阶能力的发展，因此项目学习得以兴起。但项目学习具有高度的综合性、自发性、资源整合性等特点，实践开展困难重重，常常草草了事，成效也不及预期。如何在接受式和活动式两类教学中找到合理的平衡点，走出一条合乎中国国情的学生深度学习之路？我们传承了青浦实验"活动—发展"的课程教学思想，力图将学生在常规领域深度学习（深度学习第一个学习圈）和非常规领域深度学习（深度学习的第二个学习圈）统整起来，以类项目长作业形式来开展。本章基于青浦实验第三次学习水平大样本调查的发现，阐述两个深度学习圈、"活动—发展"的课程教学思想、长作业的设计与教学。

第一节　青浦实验第三次学习水平大样本测验

为了验证新课堂实验的成效，2018年3月，青浦实验研究所再一次用青浦实验的数学学习目标测试卷和自陈问卷对全区3474名八年级学生进行测试，以期窥探区域教学改革的成效和洞见进一步改革的方向。

一、测试方法

（一）试题的选编

采用2007年施测的试卷，共分五卷，即"操作"水平卷、"了解"水平卷、"领会"水平卷和"探究"水平卷，其中"探究"水平卷在2007年的基础上增加了PISA卷。

（二）施测与阅卷时间

2018年4月，五份问卷分3次完成施测，而后阅卷。为了保证测试的真实和可信，测试的组织参考照中考的标准与程序进行。

（三）数据处理

使用Spss 19.0与Excel 2016软件。

二、结果与分析

（一）11年之后，学习目标水平有显著提升

2018年学生学习目标水平较之2007年有显著提高，总得分率从58.83%提高到67.93%，其中"领会"水平的平均分提高了12.99分，而且突破了"合格"线；"探究"水平的平均分提高了11.31分（见图8-1）。

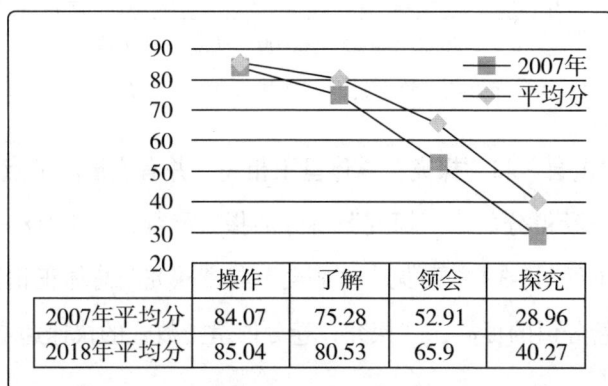

	操作	了解	领会	探究
2007年平均分	84.07	75.28	52.91	28.96
2018年平均分	85.04	80.53	65.9	40.27

图8-1 青浦地区八年级学生数学教学目标水平测试11年前后得分变化

（二）"领会"卷得分能较好地预测测试总分

"领会"卷得分能较好地预测测试总分。通过线性回归模型，发现模型$Y=3.443 \times X+45.06$（$R=0.944$，$R2=0.890$，$Sig=0.00$）能够较好地拟合测试数据，表明学生在"领会"水平卷得分能够较准确地预测学生在数学测试上的总得分（学生在"操作""了解""领会"与"探究"四卷的得分之和）。可见，"领会"是数学学习能力的"核心"（见图8-2）。

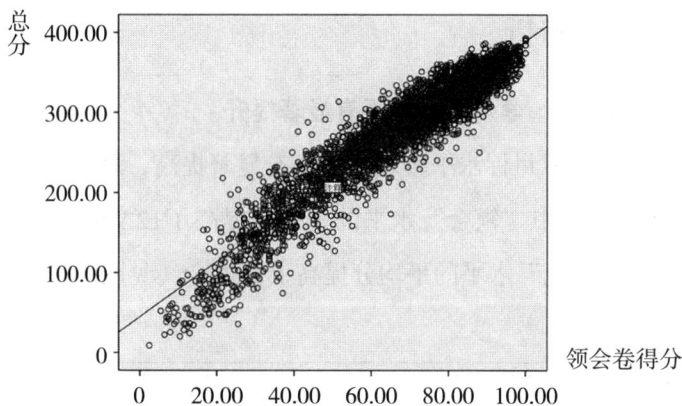

图8-2　学生领会得分与总分相关分布

（三）"领会"和"探究"总体呈正相关，并有发展的节点[①]

"领会"卷得分关于"探究"得分的指数函数，$y=4.718 \times e0.029X$，制成散点图（见图8-3）。可见，"领会"与"探究"总体正相关，随着学生"领会"卷分值的提高，"探究"卷分值呈指数式的快速递增。

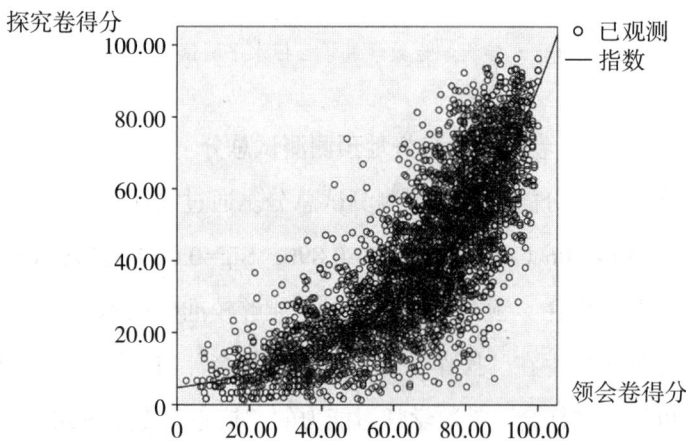

图8-3　学生领会-探究得分分布与回归函数拟合

[①] 顾泠沅，青浦实验第三次八年级数学学习目标测试报告，2018.8.青浦区暑期党政干部大会。

146

根据函数变化趋势，计算"领会—探究"的分段累积相关系数（见图 8-4），发现"领会"均值70分是统计意义上的"节点"，节点前后两侧递增率从平均8.4%锐减为3.2%。

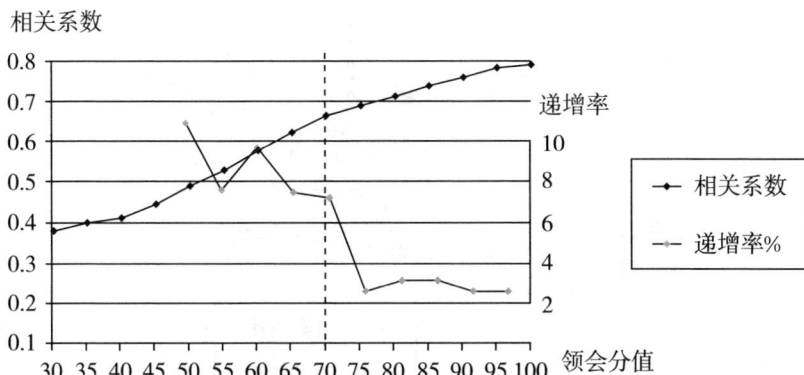

图8-4 领会—探究的分段累积相关系数

（四）对节点前后偏离正相关的两类学生的分析[①]

（1）对节点前后偏离正相关的学生做结构分析，发现：存在A、B两类学生，且两类学生在节点前后发生明显的结构性转折，从61∶39倒转为46∶54（见表8-1）。

表8-1 节点前后两类学生比例变化

领会分值	A类：偏于常规领会	B类：偏于自我探索
节点前：45～70 （共1131人）	20.1% （227人）61	12.8% （105人）39
节点后：70～95 （共1649人）	14.1% （237人）46	16.9% （279人）54

（2）对节点后A、B两类被试学生（共516人）做认知倾向分析，发现：过了节点，A、B两类学生的认知效果明显不同（见图8-5）。

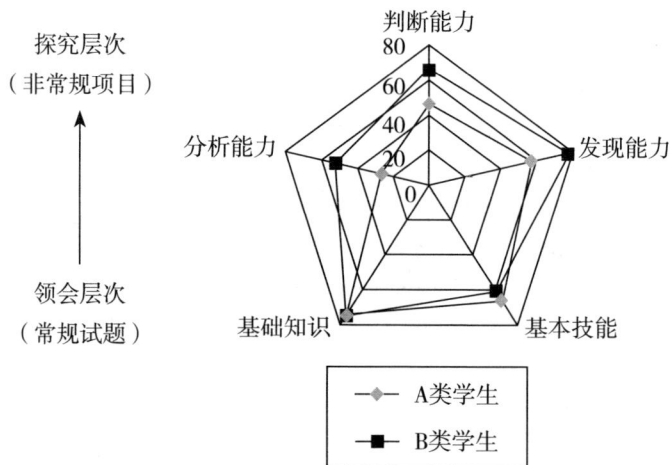

图8–5　A、B两类学生的认知倾向

（3）对这些学生做进一步的具体调研，归纳出节点后两类学生的表现性特征（见表8-2）。

表8–2 两类学生学习特点比较

A类	B类
常规题目反复做，甚至达到熟练和"自动化"程度	对复杂问题感兴趣，善于提出问题，常会自我责疑
紧扣考试的各项要求，善于抓住自己的知识、技能缺漏，尽全力补足，对探索性问题不感兴趣	不随大流，主见多，喜欢在试试看中解决问题，有的一时做不到底，有的会随时"掉头"，有不少尝试错误的体验
有强烈的高分追求，学习上分分计较，高了还要高	保持中等偏上成绩，腾出精力用于自己想钻研的问题
听老师的吩咐，喜欢得到老师的赞扬	因为不太守规矩，不易受到老师的持久关注

由表8-2分析得出："没有达到基本节点的盲目探究常常事倍功半；越过了领会节点的过度操练则会泯灭学生创造性运用与探索的天性。青浦实验的后续研究表明，尽量减少机械操练，不是靠不断加码的拔苗助长，而是在牢靠的基点上不失时机地推动每位学生的'深加工学习'，这是改革进步的题中应有之义。"①

---

① 顾泠沅，青浦实验第三次八年级数学学习目标测试报告，2018.8.青浦区暑期党政干部大会。

第二节　从"领会"到"探究"：
长作业的设计与实施

一、深度学习的两个学习圈

从青浦实验的第三次学习水平大样本调查结果可看出，深度学习存在着两个学习圈。到达"领会"是学生实现深度学习的第一个学习圈，它往往依附于常规教学，是简约情境—问题—概念—例题—练习的循环，虽说有探究的成分，但缺乏真实的问题驱动，缺乏学生内心创造性解决问题的冲动，缺乏面向现实问题解决的真实的人际沟通与合作，而这些正是人生存和发展的关键能力与品格。因此，真正导向学生深度学习的教学，仅有第一个深度学习圈是不够的，一定要把学生带进深度学习的第二个学习圈"探究"，即面向真实的世界，让学生基于真实的问题去主动求索，在好奇心的驱动下，进行问题—假设—验证—反思的学习循环。在这方面西方有很好的经验，如在学校中开展项目化学习就是一个很好的办法。当然项目化学习有其局限性，如果它脱离了学科的一些核心知识的领会，学生的探究常囿于无本之木和具有盲目性，结果是"大厦建在沙滩上"不牢固，连续几届国际经合组织的PISA测试结果都证明了这一点。如何使学生的学习既不在"沙滩上盖大厦"又不在"花岗岩上盖茅房"？出路是找到深度学习两个学习圈的关联，实现从"领会"到"探究"的学习。

青浦实验"活动—发展"的课程教学思想为我们提供了启示。早在20世纪80、90年代，青浦实验为了让所有学生都能有效地学习，提出了融接受式学习和活动式学习、贯通课堂与课外的课程教学模型——"活动—发展"教学，主张在学生充分领会基础知识之后，进行课外活动拓展，学以致用。

"活动—发展"的教学如何在当今的时代焕发出新的生命活力？需要素养立意，吸取项目学习等现代教学的精髓，建立起合乎中国文化语境的教学框架，通过长作业（一个单元或一个核心知识教学之后，让学生开展基于真实问题解决的探究性活动学习）设计与实施，实现第一深度学习圈与第二深度学习圈的真正对接与融合。

二、有关长作业的实践与研究

长久以来，作业都是教学的重要组成部分，有效的课后练习是课堂有效教学的延伸和重要保证，是学生对所学知识进行巩固和内化的有效途径，是进一步发展学生个体智力、能力的有效手段。当今我国学生的传统作业主要以巩固知识为目标，注重学生对知识的掌握和理解，然而仅仅是课本知识的理解和学习，已不能满足当今社会的需求。不论是在学校还是工作场所，抑或作为一个公民在日常生活中，人们都需要能辩证地思考问题、解决问题，能与他人进行良好的合作，并能进行高效的自我管理，即要具备"21世纪技能"。在此背景下，上海师范大学夏惠贤教授借鉴项目学习提出了类项目学习——"长作业"的概念，他带领团队对长作业相关方面进行了大量的实践探索与研究。

夏惠贤教授对长作业的定义："长作业是指将学生的学习与生活相联

系，以学生的兴趣为中心，需要花较长时间才能完成的作业。"[1]相对于传统的"短作业"，夏惠贤教授从目标、过程、学习形式、思维类型、学习结果和评价方式六个方面给出了长作业的内涵[2]，详见表8-3。

表8-3 "长作业"的内涵

属性	具体描述
目标	注重培养学生综合运用知识的思维能力，注重在解决问题中或与同伴的合作中发展积极的情感
过程	注重仿照发明与创造的过程，以问题为中心，按照提出问题—分析问题—提出假设—搜集资料—评价验证—得出结论的过程来展开学习
学习形式	既有个别学习的方式，又有与同伴之间合作性的学习方式，而"短作业"中往往只有个别化的学习方式（单干）
思维类型	"长作业"将学习的主动权交给了学生，学生因此而获得了发展自身的广阔空间，其思维也摆脱了对教师的依赖，思维发散性的特点逐渐显现出来，学生因此而变得会创新、创造，而"短作业"仅仅涉及集中性、再现性思维而已
学习结果	没有确定的答案，学生自我独立钻研的结果往往以小论文、研究报告的形式呈现，体现了学生学习的主动性，而"短作业"则具有确定的所谓"标准答案"
评价方式	"长作业"通常不采纳"短作业"中的分数制和等第制，而是采用弹性评价制，评价者可以是学生本人，也可以是教师或同伴，它对于学生学会正确认识自身的长处和不足具有重要作用

有关长作业的研究，学者任升录（2009年）在《数学作业的设计与评价》一书中提道："它是指学生在教师指导下，从自己的兴趣出发在自然、社会和生活中选择和确定专题进行研究，并在研究过程中主动地收集

---

① 夏惠贤，王小平，吴瑞莲."长期专题作业"是促进学生良好发展的有效途径[J].

上海师范大学学报（教育版），2000（1）：35–42.

② 同上。

资料、获取知识，师生互动地完成主题任务的一种体验活动。"①

学者周波（2012年）对长作业的特点与实施进行了阐述，他谈到长作业的设计既要打破学科的框架，形成以能力框架为主线的作业设计模式，又要兼顾知识技能基本集中在一单元学习领域的特征。因此，任务的确定至关重要。长作业任务的确定是教学过程中的"顶层设计"，必须基于学生的身心特点，体现学习的自主性、合作性、探究性和实践性。②

三、从"领会"到"探究"的长作业

借鉴夏惠贤教授对长作业的界定，我们融合青浦实验学生认知分类、课堂教学水平以及"活动—发展"课程教学思想，对长作业进行了界定，长作业不仅是指作业的时间维度，更指目标培养维度——"育长才"，同时指课程教学设计维度——课堂与作业的连贯一致。因此，我们所指的长作业是指一个教学单元和核心知识之后，提供给学生学以致用、解决真实问题的探究性活动，时间控制在1～4周。它注重知识的迁移和应用，用学到的知识解决真实的生活和生产实践问题，探知未知世界；激发学生学习的好奇心和求知欲，并实现知识的深度理解，获得"活性"的知识；在真实的生产、生活问题解决的过程中进一步领悟核心知识和体悟思想方法，积累活动才干，发展核心素养。其要义是从"领会"到"探究"。

（一）从"领会"到"探究"的长作业的特征

从"领会"到"探究"的长作业有以下五方面特征：

（1）强调课内外核心知识的关联。

（2）强调学生学习好奇心和求知欲的激发。

（3）强调大概念下学生自主的问题化学习。

① 黄根初，任升录.数学作业的设计与评价 [M].上海：华东师范大学出版社.2009：41.

② 周波.谈长作业的特点与实施 [J].中小学教师培训.2012（10）：49-50.

（4）强调成人与学生的合作学习。

（5）强调学习过程、学习产品（作品）和学习的多元评价。

（二）从"领会"到"探究"的长作业设计与实施要点

从"领会"到"探究"的长作业设计与实施以好奇心和求知欲激发为主线，以真实问题解决为任务和路径，以合作学习为平台，以项目学习为形式。参考John Larmer. Gold Standard PBL：Essential Project Design Elements.项目学习设计的核心要素[①]，我们梳理出从"领会"到"探究"的长作业设计与实施的七大要点：

（1）真实的情境问题。这里的"真"，主要体现在学习内容与"真实世界"的联系上。真实的学习内容能提高学生学习的积极性和学习效果。一个长作业的"真"可以体现在以下几个方面：①长作业基于真实的场景。换言之，学生正尝试解决的是实际生活中人们会遇到的真实问题。②长作业融入了真实的流程、任务、工具以及质量评价标准。例如，学生以专业质量为目标，来计划一个实验性调查，或者使用数字编辑软件来制作一部视频。③长作业会对其他人产生真实的影响。例如，学生在学校和社区内解决一个特定的需求（比如，设计和建造一个学校的花园，优化社区的公园），或者创造一些能够被人们使用或者体验的东西。④长作业能够真实地表达学生生活中关心的问题，包括兴趣爱好、文化、身份等。

（2）学生的自主权。在长作业中给予学生自主权，注重激发学生的主人翁意识。在长作业中，学生如果没有自主权、不能依据自己的判断来解决问题，那么长作业只会让学生觉得在完成作业或者是按照指令完成项目而已。学生是主体，学生都应在长作业的各个环节有充分的参与，从提出问题，到为解决问题寻找资源，再到明确团队中的角色及分工以及最终

---

① John Larmer. Gold Standard PBL: Essential Project Design Elements. https://www.pblworks. org/blog/gold-standard-pbl-essential-project-design-elements.

创造一个产品（作品），都应由学生自主决定。

（3）有挑战性的任务。一个待探究或待解决的问题是一个长作业的核心。这个问题应该是具体的。因为当学生能参与一个问题的探究时，他们的学习会变得更有意义。学生的学习不再是为了单纯地记忆某个考试内容，而是通过运用知识来帮助他们解决一个他们所关心的问题，进而这个问题应该更具有一定的挑战性。因此，当教师在设计或者执行一个长作业时，最关键的任务是将待探索的核心问题以一个挑战性大主题的形式抛出，然后让学生自己选择和决定要解决的子问题。这个挑战性大主题应该是开放式的，且易于学生理解的。

（4）保持持续的探究。相比书本学习，探究是一个更主动、更深度地调查、建模、解决问题的过程。探究需要花费一定时间。在长作业的学习中，探究是一个不断迭代精进的过程。当学生面对一个具有挑战性的问题时，他们会提出问题、收集资料，并尝试解答问题，之后他们会提出更深刻的问题——这个过程会持续、循环，直到他们得到一个满意的答案或解决方案。在完成长作业的过程中还需要整合不同的信息资源，有些来自较为传统的调研方法（如阅读一本书或者搜索一个网站），有些则来自真实世界的反馈（如与某个领域的专家或家长的访谈）。

（5）成人的合作与帮助。长作业的探究，促使学生像专家一样学习和研究，其各个环节需要成人（包括教师、家长、专业人员等）参与和帮助。这样不仅提高各个环节的学习与探究质量，更能增加亲子和亲社会的关系。

（6）成果的公开展示。这里的"成果"可以是一个实实在在的东西，也可以是一个解决方案或对一个问题的回答。

首先，公开展示其长作业成果将大大提高学生学习的积极性，同时有助于促成高质量的产出。如果长作业的吸引力不足，学生很容易懈怠，既不认真对待长作业过程，也不关心长作业成果的质量。但是，如果要求学生向外界的公众去展示他们的成果，他们的表现会大有不同，因为没人想在公众面前出丑。一定程度的紧张会转化成促进学生学习的动力。

其次，长作业"产品"（作品）的公开展示将有效促进讨论和学习社区的形成。通过创造一个作品，学生把所学的知识具象化，这样，当他们公开展示自己的作品的时候，这个作品也在被讨论。这种学习讨论不仅限于学生个体与教师私下的交流，而且能加入更多社交层面的学习。这样有助于在课内甚至校内形成一种学习社区的氛围。学生和教师可以尽情地讨论学习的内容、学习的方法、可被接受的评估标准以及如何提高学生的表现。

最后，长作业成果的公开展示可以有效地向家长、社区成员和世界上更多的人，展示长作业学习是什么以及这种教学方式能为学生带来什么。当课堂、学校和学区将自己的学习开放给公众检视时，就能传递这样的信息：这才是学生的能力，是远远多于考试分数所能衡量的。

（7）反思。学生和教师都应该在长作业的整个进程中，不断反思学习的内容、学习的方法和学习的目的。这种反思可以是非正式的，如以课上讨论或课下对话的形式展开。同时，这些反思也应该是被包含在长作业中的日志、评价、关键节点讨论等。

对书本知识的反思能够帮助学生巩固所学知识，并思考如何应用到长作业以外的地方。对于核心素养培养的反思，则能够帮助学生内化这些技能的意义，并为进一步的发展设定目标。对于长作业本身的反思，包括长作业的设计和实施，能够帮助学生厘清下一个长作业需改进的地方，也帮助教师提高长作业教学的质量。

除此以外，长作业的落地还要考虑整体性、丰富性、生动性和差异性四个因素。其中，整体性是指长作业的设计与实施需要在课程教学统整的视野下；丰富性是指长作业的设计与实施需要具有内容和形式与组织样态的可选择性；生动性是指长作业的设计与实施需要贴近孩子的生活；差异性是指长作业的设计与实施能针对不同水平与兴趣的孩子开展。

（三）从"领会"到"探究"的长作业引导单

借鉴国外项目学习的设计概览，我们给出从"领会"到"探究"的长作业引导单，见表8-4。

表8-4　长作业引导单

长作业名称		长作业周期			
学科		教练老师		小组	
核心知识					
核心素养	批判性思维能力		自我管理能力		
	解决问题能力		创造和创新能力		
	沟通和协作能力		坚持性和科学态度		
长作业简介（学生的主要任务、可能遇到问题以及挑战、需要采取的行动长作业的意义）					
挑战性的问题					

长作业启动和主要过程活动			
长作业成果	个人成果：	关联的学科核心知识：	
	小组成果：	关联的学科核心知识：	
长作业成果的公开展示 （展示的形式、参与协助的人员）			
项目所需资源	协助人员：		
	设备器材：		
反思的方式	学习日志		焦点小组访谈	
	集体讨论		调查问卷	

（四）从"领会"到"探究"的长作业教与学模型

借鉴国外项目学习，结合"活动—发展"课程教学，我们梳理出从

"领会"到"探究"的长作业教与学模型[①]（见图8-6）。

开放的学习环境

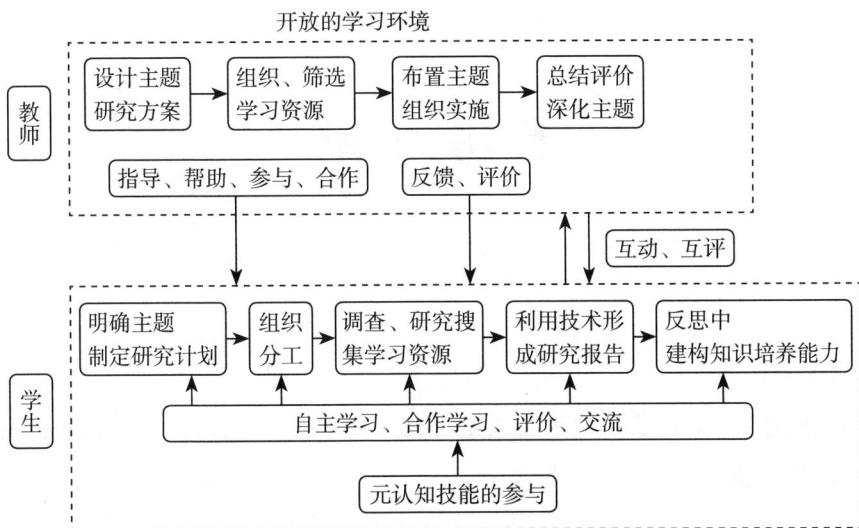

图8-6 长作业教与学模型

① 鲍建生.运用研究性探究学习培养学生数学核心素养，青浦新课堂实验团队讲习报告（内部），2016.3

参考文献

中文文献：

［1］顾泠沅.口述教改地区实验或研究纪事［M］.上海：上海教育出版社，2014.

［2］顾泠沅，沈兰.变革的见证：顾泠沅与青浦实验30年［M］.上海：上海教育出版社，2008.

［3］朱连云，彭尔佳.教师发展指导者课堂教学临床指导研究［M］.上海：上海教育出版社，2016.

［4］郑太年.学习科学与教学变革［M］.上海：上海教育出版社，2019.

［5］［美］L·R·安德森，等.学习、教学和评估的分类学（布卢姆教育目标分类学修订版）［M］.皮连生，主译.上海：华东师范大学出版社，2008.

［6］卢家楣.学习心理与教学理论和实践［M］.上海：上海教育出版社，2009.

［7］［美］马斯洛.人的潜能和价值［M］.北京：华夏出版社，1987.

［8］车文博.人本主义心理学［M］.杭州：浙江教育出版社，2003.

［9］［美］德内拉·梅多斯.系统之美［M］.邱昭良，译.杭州：浙江人民出版社，2012.

［10］林崇德.21世纪学生发展核心素养研究［M］.北京：北京师范大学出版社，2016.

［11］钟启泉.读懂课堂［M］.上海：华东师范大学出版社，2015.

［12］皮连生.学与教的心理学［M］.上海：华东师范大学出版社，2009.

［13］王策三.教学论稿［M］.北京：人民教育出版社，2005.

［14］朱连云.导向深度学习的教学变革［J］.人民教育，2019，802（Z1）：66–69.

［15］张华.论核心素养的内涵［J］.全球教育展望，2016，45（4）：10–24.

［16］郭华.深度学习及其意义［J］.课程·教材·教法，2016，36（11）：25–32.

［17］朱连云.新课堂实验：预学展示，助学评议［J］.上海教育科研，2011（1）：75–76.

［18］王金妹.美国"深度学习"项目（SDL）的研究进展及启示［D］.济宁：曲阜师范大学，2018.

［19］舒兰兰，裴新宁.为深度学习而教：基于美国研究学会"深度学习"研究项目的分析［J］.江苏教育研究，2016（16）：3–7.

［20］郭华.深度学习与课堂教学改进［J］.基础教育课程，2019（Z1）：10–15.

［21］郭元祥.课堂教学改革的基础与方向：兼论深度教学［J］.教育研究与实验，2015（6）：1–6.

［22］朱连云.传承青浦实验发展青浦教育：纪念青浦实验30年（上篇）［J］.上海教育，2008（19）：30–32.

［23］朱连云.弘扬青浦实验文化，推进区域教育发展：青浦实验三十年的启示［J］.上海教育科研，2008（9）：38–39.

［24］青浦实验研究所课题组.青浦实验：新世纪教师"行动教育"［J］.现代教学，2011（3）：4–5.

［25］朱连云.小学数学新手和专家教师PCK比较的个案研究：青浦实验的新世纪行动之四［J］.上海教育科研，2007（10）：47-50.

［26］朱连云.教学知能，你该知道的一个概念［N］.中国教育报，2011-01-28（5）.

［27］王汉松.布卢姆认知领域教育目标分类理论评析［J］.南京师大学报（社会科学版），2000（3）：65-71.

［28］刘万伦.建构主义教学思想及其在我国的本土化问题［J］.比较教育研究，2005（7）：7-11.

［29］陈琦，张建伟.建构主义学习观要义评析［J］.华东师范大学学报（教育科学版），1998（1）：61-68.

［30］裴新宁.建构主义·多元智能［J］.全球教育展望，2004，33（10）：23-27.

［31］吴刚.建构主义与学习科学的崛起［J］.南京社会科学，2009（6）：98-104.

［32］邹艳春.建构主义学习理论的发展根源与逻辑起点［J］.外国教育研究，2002（5）：27-29.

［33］胡斌武，吴杰.建构主义教学论述评［J］.电化教育研究，2002（7）：10-12，32.

［34］何克抗.建构主义的教学模式、教学方法与教学设计［J］.北京师范大学学报（社会科学版），1997（5）：74-81.

［35］雷伶.马斯洛内在教育论述评［J］.教育研究与实验，2006（6）：64-68.

［36］佐斌.论人本主义学习理论［J］.教育研究与实验，1998（2）：33-38，72.

［37］顾泠沅，官芹芳.以学定教的课堂转型［J］.上海教育，2011（7）：34-37.

［38］凯瑟琳·埃尔金，钱旭鸯.为了知识而教和/或为了理解而教［J］.
全球教育展望，2013，42（5）：3–13，34.

［39］程广文.论教学方法［J］.全球教育展望，2012，41（1）：17–25.

［40］杨文登，叶浩生.缩短教育理论与实践的距离：基于循证教育学的
视野［J］.教育研究与实验，2010（3）：11–17.

［41］夏惠贤，王小平，吴瑞莲."长期专题作业"：促进学生良好发展的有
效途径［J］.上海师范大学学报（教育版），2000（1）：35–42，124.

［42］周波.谈长作业的特点与实施［J］.中小学教师培训，2012（10）：
49–50.

外文文献：

［1］Marton F, SÄljÖ R.On Qualitative Differences in Learning: I.Outcome
and Process［J］. British Journal of Educational Psychology, 1976(46):
4-11.

［2］Egan K. Learning in Depth：A Simple Innovation That Can Transform
Schooling［M］. University of Chicago Press，2011.

［3］Egan K, Madej K. Learning in Depth：Students as Experts［J］.
Education Canada，2009，49（2）：18-23.

［4］Egan K. "Learning in Depth" in Teaching Education［J］.Teaching
Education，2015（3）：288-293.

［5］Egan K. Satisfying the "Learning In Depth" Criterion［J］.Irish Journal
of Education，2011（39）：5-18.

［6］Wikipedia. Deeper Learning Competencies［EB/OL］.［2018-04-20］.
http：//www.hewlett.org/up-loads/documents/Deeper_Learning_Defined_
April_2013.pdf.

［7］American Institutes for Research. Does deeper learning improve student outcomes［DB/OL］［2018-05-10］. http：//www.hewlett.org/sites/default/files/AIR Deeper Learning Summary. pdf.

［8］Fullan M，Langworthy M. A Rich Seam：How New Pedagogies Find Deep Learning［J］. London：Pearson，2013（7）：15-19.

［9］Hermes J，Rimanoczy I. Deep learning for asustainability mindset［J］. The International Journal of Management Education，2018（3）：460-467.

［10］Kristina L Z，James T，Jordan R. & Michael，S.G..Evidence of Deeper Learning Outcomes［R］.Washington，D.C.：American Institutes for Research，2014.

［11］Phan H P. Deep processing strategies and critical thinking：Developmental trajectories using latent growth analyses［J］. The Journal of Educational Research，2011（4）：283-294.

［12］John Larmer. Gold Standard PBL：Essential Project Design Elements ［DB/OL］. https：//www.pblworks.org/blog/gold-standard-pbl-essential-project-design-elements.

—

新课堂实验 12 年记

时间过得真快，一个猛子扎下去，待当浮上一个头来时，已是12个春秋。12年的新课堂实验探索，如同一部《西游记》，遭遇过无数艰难困苦，也幸遇见各路"菩萨"，最终化险为夷，取得"真经"；更像是《绿野仙踪》，一个被龙卷风刮跑的小姑娘，在一帮朋友的帮助下，走上了回家的黄砖路，顺利地回到了"家"。

课改是什么？科研是什么？12年的挣扎，回答似乎只有一个——"回家"！即回到教育的初心，回到教育的本源，回到教育的规律。学习是有规律的，教学是有规律的，按规律办事是做好教育的根本。本立而道生，我们不需要劳民伤财、故弄玄虚。或许智者早已勘破此机，只是普通人尚未领悟而已。

12年，也许是普通人进化成智者的一个周期；12年，更是一个教育改革项目从问题到真正成果显现的周期。但时间并不是唯一和主要的变量，关键的因子是科学的态度和方法。如果一定要把12年的探索概括成具体可操作的方法的话，那么下图便是我们12年的全部智慧。

批判性反思

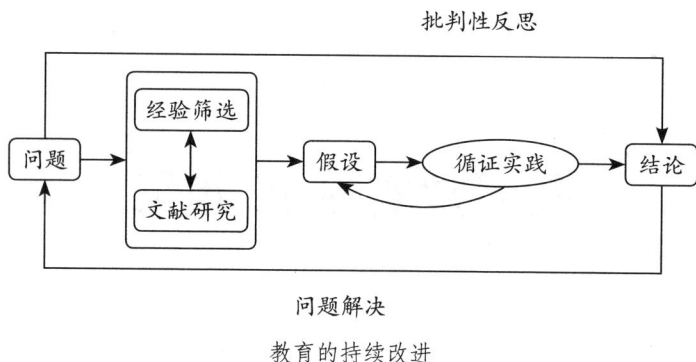

问题解决

教育的持续改进

　　教改源于问题，问题的真实性和深刻性是根本，要找到有价值的问题，对教育发展趋势的洞察和对现实问题鞭辟入里的分析是基础。找准了问题，切勿盲目行动，教育是折腾不起的事业。在行动前要做充分的实地调查，不仅要进行经验筛选，还要做细致的文献研究，厘清脉络，更要做深度访谈和研讨，让问题、经验、文献进行有效互动，直至涌现出可靠的解决问题的"构想"。有了"构想"也切勿大规模地行动，而是要进行预研究，将"构想"置于一定控制的范围内去实验验证，并进行成效、理论和价值的拷问与分析，获得明晰的"假设"（实践和理论都经得起推敲的教学改革框架）。有了"假设"，方可开展行动，在区域层面推广和完善。大规模的行动（区域推广和完善），需要遵循教师教学实践的逻辑和教育科研的逻辑。这方面合适的方法是循证实践，即教师基于改革的愿景，从学生的需求出发，审慎地选择证据，融合自身的教学智慧开展持续的教学改进。每一次行动都是验证和丰富"假设"的机会，每一次行动也都是催生和丰富教师实践智慧以及形成教改经验和氛围的机会。大规模区域性循证实践之后，需要将成效和收获梳理总结成可操作、可推广、可陈述的知识系统——本土理论，提升"假设"的理论饱满度，以此更全面、深入地解决问题，同时保持开阔的视野，不断地批评反思，由此实现迭代精进。这一过程需要12年。

12年的教改既是艰辛的，也是幸福的，我们收获的不仅是成果和同伴，更是个人和团队创造性工作带来的欢乐和精神成长，让我们回到了"家"。

朱连云